其實，
幸福一直都存在

通過一本書，
再次感受幸福，活在當下…

林芸〔著〕

前　言

我一直很喜歡林志玲，從高中時代志玲姐姐就是我的偶像，像她那種要臉蛋有臉蛋，要身材有身材的S級美人，真還叫人無法討厭或是去嫉妒她，其實我喜歡志玲姐姐最主要是，她有那麼優越的外表，竟然還充滿靈氣，那麼有腦子、那麼有智慧，真是高EQ的女性代表作！

想想，已經擁有「台灣第一名模」的美稱，只要在伸展台上馳騁，起碼幾年內縱橫天下是無人能出其右的。然而，這個甜姐兒竟然在日正當中時放棄了主業（將之轉為副業），而投入演藝圈中，從入門生（學徒）開始幹起；掌聲沒了，只有噓聲，喝采不見了，只有奚落，可是她咬定青山終不放，終於熬出了頭，電影《赤壁》《刺陵》《101次求婚》日劇《月之戀人》等推出，且不管賣座如何，卡司絕對是第一流的，假以時日，我們祝福她，因為她沒有放棄……

另外，我也很崇拜另一個女子何麗玲，她沒有女強人的強悍，只是個婉約的女子，卻爆發出無比的大能量！在事業的版圖上，自創品牌橫跨兩岸，真乃不讓鬚眉的奇女子。

有人說，會理財的女人，絕對是聰明的女人，也是個理性的女人。何麗玲集美

麗與財富於一身，早就為世人所公認。而說她是個理性的女子，從她與英俊瀟灑的立委黃義交的交往情況就可看出一般，當年黃義交在台中選立委，麗玲陪他街頭巷尾以及傳統市場拜票，並佇立於街頭任風吹雨打地低頭鞠躬、笑顏拉票，這種深刻的感情，真讓人銘感腑內，因為麗玲當時已是事業有成的女企業家，她能為愛做如此犧牲真是了不起！後來兩人的愛情起了變化，而麗玲也很勇於承擔，「當斷則斷」就說明了她的「理性」天賦。因此，我們也期待她今後的事業更上一層樓……

列舉以上兩個不平凡女子的故事，在外人眼中她們可能是幸福的，可是細看之下，雖是事業成功、財富過人，但還是有著某種的缺憾，你看志玲姐姐已經四十出頭了，麗玲也是五十多歲的熟女了，可身邊無人，只能孤芳自賞……

多年前，我曾看過一句話——其實不必很完美。

雖然是一個不經意看到的話語，不過它卻在我心湖裡蕩起了陣陣漣漪，而且一直沒將它忘卻，反而成為我日後生活的一部分——人生：其實不必很完美！

當初中快畢業時，一群黃毛丫頭都要蛻變成天鵝了，而自己仍然像隻醜小鴨，到了高中看到那已經長得婷婷玉立、人人追捧的校花時，更是又羨慕又嫉妒！到了大學時代，我們是離家求學的鄉巴佬，什麼也得省吃儉用，要過點大都會的奢華，就得想辦法找個家教賺點外快，而很多大老闆的女兒卻出入有車、穿戴名牌，一身亮麗，讓人羨慕不已……

就如此，我們也渡過了「我的少女時代」擺脫了青澀的歲月，雖然成不了漂亮的天鵝，但也學有專精，能獨立自主，在社會上立足，貢獻一己之力，接著因為「平凡如我」，也就順理成章工作、戀愛、結婚，逐步一一實現了。所以，我們所擁有的，在他人眼中反而是十分可貴的，而這部作品就是要和妳討論一些「絕招」，讓妳擁有美麗、金錢與快樂！筆者的心態是願天下的女性，像在日劇中常聽到的一句溫柔的祝福——要幸福哦！

前言／003

第1章 形象是獲取財富的最佳通行證／013
1．明眸善睞是養出來的／014
2．泡澡——漂亮女人的最愛／017
3．珍愛自己的「面子」／020
4．衣著決定女人的成功與失敗／029
5．沒有醜女人，只有懶女人／042

第2章 會經營自己的女人最幸福／045
1．女人要美就要靠自己／046
2．經營自己的長處，把短處包裝起來／048
3．增加氣質修養，讓自己更加有魅力／051
4．女人永遠不應該遠離時尚／057
5．抑鬱的女人／061

6．幸福的女人源於自信／063

第3章 會經營自己的女人最幸福／067

1．會説話的女人才是贏家／068
2．懂得幽默大家疼／071
3．如何在複雜的人際中自由飛翔／076
4．會傾聽的女人最美／083
5．傾聽是最好的恭維／086
6．傾聽的技巧／089
7．從上到下，妳的身價有多少／093
8．檢視自己的身價在哪裡／094
9．為什麼要計算自己的身價／096

第4章 女人是男人的激勵大師／099

1．好男人是被誇出來的／100

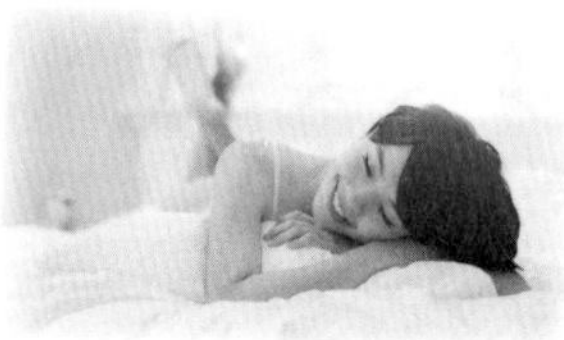

2．按妳期望的樣子表揚他／103
3．誰都可以打擊他，老婆不行／106
4．「觸犯」了老公，趕緊修補裂痕／108

第5章 不會撒嬌的女人最乏味／111
1．撒嬌讓生活有滋有味／112
2．會嗲的女人，平凡也風情萬種／115
3．喜歡受寵的女人，男人會更寵她／118
4．「閨蜜」不怕多，建立自己的社交圈／120
5．「紅顏知己」只是一種謊言／124

第6章 女人要學會減壓生活／129
1．別讓壓力超過自己的承受底限／130
2．適合女性的減壓法／132
3．辦公室擺脫困倦的方法／135

4．記得定時給身體解壓／141

第7章 失敗只是一種過程／145

1．失敗也是妳的財富／146
2．化失敗為動力的方法／148
3．勇於承認錯誤，才能超越錯誤／149
4．不找任何藉口／152
5．不輕易放棄，「希望」在下一個路口等妳／154
6．成功女人在逆境中需具備的條件／156
7．困境前女人該如何選擇／161

第8章 財富因為身體健康才光彩／165

1．看看妳的健康有多少分？／166
2．健康殺手／169
3．年輕不是妳透支健康的藉口／175

4．吃好、鍛鍊、休息、保養／179
5．女人每天必做的八件事／184
6．心理健康才是真健康／188
7．健康的財富效應／191
8．八種影響健康的因素／193

第9章 怎樣改造自己、寵愛自己／195

1．財富不是萬能的，幸福最重要／196
2．心態平和帶來生活的幸福／199
3．幸福的女人要塑造自己迷人的個性／204
4．什麼叫「幸福女人」？／210
5．做一個善於管理財富的女人／211
6．讓自己的人氣旺起來／214
7．氣質是女性美的極致／217
8．美會透過微笑發光／220

第10章　幸福其實並不難／223

1．女人壞一點又何妨／224
2．不懂愛自己的女人是笨女人／225
3．珍惜身邊的幸福／230
4．女人是靠男人活，還是靠自己活？／233

第I章

形象是獲取財富的最佳通行證

良好的形象是獲取財富的最佳通行證。為了獲取更多的財富，女人有責任投資美麗，把自己裝扮得令人賞心悅目。

1．明眸善睞是養出來的

美麗的容貌誰都希望擁有，可事實上並不是誰都能擁有，原因就是很多人並不知道要怎樣才能把自己的容貌「養」出來。一個漂亮的容貌到底需要什麼，以及不需要什麼？

1．甩掉眼尾可惡的細紋

美麗的容貌除了不能有熊貓眼之外，同樣也不能讓細紋佔據底盤，特別是眼尾紋，它總是在不知不覺中透露妳的年齡和經濟狀況。那麼到底要如何才能讓眼尾細紋消失呢？最常用的方法就是搽眼霜和敷眼膜。

雖然很多人經常用這種方式來去除眼紋，可是很多人並不知道正確的塗抹方式是怎麼樣的。藝人大S對付眼紋有這樣一招：下眼皮用中指指腹慢慢地往外推，不能往內，要輕輕地，千萬別太用力，否則會使眼皮變形，力道的微妙只有妳自己最

清楚；上眼皮則是從眼尾推向眼頭。簡單來說，就像以眼頭為起點，逆時針繞一個圈圈。

還有一種方法就是用冷水洗臉，無論天氣多冷都要堅持，這樣做有兩個好處，除了減少眼角的細紋之外，還會讓皮膚看起來比較白。除了這些之外，還有一個就是遠離陽光，因為紫外線不僅會讓妳的皮膚受到傷害，還會讓妳的皮膚長小細紋，因此如果沒有必要，不必曬太多的陽光。

2．臉上不要掛著黑眼圈

熊貓雖然可愛，但是如果把牠的眼睛放在妳的臉龐上，一定會讓妳的容顏大驚失色。黑眼圈已經成為愛美之人痛切的話題之一。更為可惡的是這些黑眼圈，很多時候並不知道是由什麼引起的，一般來說，鼻子過敏的人、睡眠品質不好、失眠或常常熬夜的人，都會出現煩人的黑眼圈。

那麼，面對這些煩人的黑眼圈，我們就變得束手無策了嗎？不是。解決黑眼圈最好的方法是睡美容覺。據美容專家介紹，美容覺的黃金時間是晚上十一點到第二天凌晨三點。如果妳真的想讓自己的熊貓眼徹底消失，那麼妳就不要熬夜，在這個時段，乖乖上床，如此一來沒幾天，煩人的熊貓眼，就會神奇地消失了。

當然，想要告別黑眼圈並不是只有睡覺一個方法，敷眼膜、搽眼霜也是一種好方法，同樣能改善黑眼圈，只不過這種方法只是一種外在的改善手段，只能暫時將妳的黑眼圈變淡。如果要想徹底去除黑眼圈，還是需要內在的調理，保證充足的睡眠，而且讓自己變得放鬆一點，即便妳再忙，也要爭取在晚上11點之前上床睡覺。

還有一種方法比較花費錢，那就是用脈衝光來除黑眼圈，效果也比眼膜和眼霜要好，只不過和眼霜、眼膜一樣不能完全消除黑眼圈，因此最好還是選擇睡覺，做一個真正的「睡美人」。

3．金魚眼的痛苦魔咒

金魚和熊貓一樣很招人喜歡，但牠們的眼睛放在妳的臉上都不會好看。因此，當妳發現哪天妳的眼睛變得像金魚一樣，妳一定會非常緊張。眼睛凸腫，原因有好幾個，比如說睡覺前喝水太多，或者是比較疲勞，眼睛都可能會腫成金魚眼。

為了治療金魚眼，聰明的人想出很多方法，其中不乏一些偏方。如很多人主張喝薏仁水、紅豆水，或者喝黑咖啡。很多人早上起床如果發現自己眼睛是金魚眼，就會先喝黑咖啡，臉部的腫很快就會消失，效果非常好，不過黑咖啡對胃並不是很好，並不建議大家這麼去做。

最好的方法就是睡覺前少喝水，多多休息，多做運動。

2．泡澡——漂亮女人的最愛

1．牛奶浴：肌膚的美麗法寶

【功效】牛奶含有豐富的乳脂肪與維生素、礦物質、天然的保濕能力，可使肌膚更年輕、更光滑細緻。同時還能改善躁鬱、失眠等症狀。

【方法】將1公升（約1000cc）牛奶倒入浴池，加水攪拌均勻至半透明，浸浴20至30分鐘左右，即可達到美容、治癒失眠的效果。

【注意】對牛奶過敏者慎用。此外，泡澡後需清洗浴缸。

2．清酒浴：美顏、瘦身同時進行

【功效】從日本興起的清酒浴，能促進血液循環，深層清潔毛孔內污垢，讓肌膚光滑有彈性。

【方法】在35℃的溫水中倒入4盅（約200cc）清酒，坐在浴缸中，擦拭胸部、手臂，以及肩頸部約半個鐘頭，直到出汗為止，然後再反覆擦拭腰部及腿部。

【注意】皮膚敏感及不適應酒味者慎用。

3．蜂蜜浴：滋養肌膚，抵抗老化

【功效】蜂蜜能滋養美白肌膚，有效改善皮膚乾燥和乾裂，還能延緩衰老。

【方法】將2大匙蜂蜜加入洗澡水中攪拌均勻，浸泡在蜂蜜浴裡的感覺非常獨特，能讓妳重擁少女時代的甜蜜感覺。

【注意】還可同時放入花瓣等，但花瓣需放在麻布小袋中，以免堵住水口。

4．柑橘浴：消除疲勞防乾燥

【功效】柑橘中富含維生素C，不僅可以預防感冒、滋潤肌膚，還能防止出現色斑、蕁麻疹等皮膚問題。

【方法】把柑橘皮切碎曬乾後裝入布袋裡，放進浴缸中。此外也可以將幾個橘子切成圓片狀，在浴缸裡浸泡半個小時。在浸泡同時用手捏揉橘皮，將汁擠出。

【注意】敏感肌膚者會有微痛感。

5．綠茶浴：從內到外抵抗氧化

【功效】綠茶有公認的抗氧化作用，可以增進肌膚抵抗力，緊實肌膚，還能促進排毒素排水、美體塑形。

【方法】將茶水倒入浴缸或浴盆中，補充適量熱水至適宜溫度時便可入浴。

【注意】也可將綠茶放入布袋中進行泡浴。旅途中亦可用旅館的茶包來替代。

6．生薑浴：活血瘦身，消退感冒症狀

【功效】生薑泡澡可美容，還可以促使血液循環加速、末梢血管活絡，達到燃燒脂肪、瘦身的作用。

【方法】先將生薑（用老薑，不用嫩薑）切成薄片，陰乾三、四天後加水煮熱，濾渣取生薑水。洗澡時加入適量生薑水，泡澡後血氣暢通，面色紅潤。

【注意】怕麻煩的人，可將乾生薑直接搗汁後倒入熱水。結束後，就有煥然一新的感受。

3．珍愛自己的「面子」

肌膚是女人的第二張身分證。男人追捧一個女人，並不僅僅看重她的臉蛋、身材，很多時候，美麗的肌膚也占了很大的一部分。愛美之心，人皆有之。如果一個女人說自己不願給肌膚做保養，總結起來有兩個原因。第一個就是沒有經濟實力；

第二就是自認為不是那種胚子，即便再保養，也只能是浪費時間精力。

暫且不說保養皮膚會花費多少金錢，就說一個女人的肌膚經過保養之後，有沒有可能變得更好。大S是這麼說的：「不管妳天生長相或者是外表長相條件有多糟，其實只要靠保養，很多底子都可以重新改變，譬如皮膚黑的人，經過一段時間保養，就可以變成皮膚白的人。」

如果妳對自己的皮膚情況一無所知的話，還是先停下來了解一下自己再繼續美容吧。否則，用錯了化妝品，非但不會起到美容的效果，還可能使臉上出現色斑或小痘痘。

(1)**中性皮膚**　皮膚毛孔不太明顯，皮膚細膩平滑，富有彈性；晨起時察看皮膚油脂光澤隱現，化妝後近中午時刻出現油亮，面部T型區（額頭、鼻子及下巴）有油膩；洗髮四、五天後頭髮會輕微黏起，並易隨季節變化，天冷變乾，天熱變為油性。如果是這樣，妳就是中性皮膚。

(2)**乾性皮膚**　皮膚毛孔看不清楚，皮膚無光澤，表皮薄而脆，細碎皺紋多，晨起面部無油脂光澤，化妝後長時間不見油光；洗髮一週後，頭髮既不黏膩也無光澤；耳垢為乾性；用手撫摸皮膚感覺粗糙。如果真是這樣，妳就是乾性皮膚。

(3)**油性皮膚**　皮膚毛孔十分明顯，大多油膩光亮，早晨起來面部油光浮現，需要用香皂才易洗清；面部易生粉刺、暗瘡，化妝後不超過兩小時就面部油膩；洗髮後第二天就有黏著現象；耳垢為油性。這種情況妳一定歸為油性皮膚了。

知道了自己的皮膚類型，到底如何才能保養好自己的皮膚呢？以下給大家羅列一些美容專家的建議和意見。

首先，清洗。這種清洗包括淺層次的清洗和深層次的清洗，也包括通常意義上的清洗，和衍生意義上的清洗。

無論是哪一種清洗，對肌膚的保養都非常重要，特別是對於那些整天在外面奔波勞累的人來說，清洗更是顯得尤為重要。

清洗的第一步就是洗掉皮膚上的髒東西，如灰塵、油脂等。每天回到家，就用

溫水泡濕自己的肌膚，在完全吸水之後，再用洗面乳等清洗。我們的肌膚每天都暴露在空氣、風、煙霧，甚至是灰塵中，難免會沾染上一些髒東西，這些髒東西都是附在皮膚表面上的，非常容易清洗，如果長時間不進行清洗的話，這些東西就會堵塞毛孔，讓體內的髒東西無法順利排出，這樣就會傷害自己的肌膚健康，那麼也就無所謂保養與否了，連最簡單的清洗都不能做到，再保養也是無用。

清洗的第二步就是去除角質。角質就像一種保護膜，這種保護膜並不是保護肌膚不受傷害，相反，它是肌膚裡面髒東西的保護膜。如果我們不為肌膚去除角質，那麼厚厚的角質堆在肌膚上，就會牢牢地把髒東西「扣」在肌膚裡，也牢牢地把保養品「擋」在外面，時間一長，肌膚就會變黃，變得沒有一點光彩。

這種光彩是真正從肌膚裡煥發出來的光彩，有的人想通過化妝來達到這種效果是無用的，到時候還會出現反面的效果。但有一點是肯定的，經常化妝的人，同樣需要去除角質，甚至化妝和不經常化妝的人相比，顯得更為重要。如果有一天妳在卸完妝之後，發現妳的肌膚開始泛黃或者是老化，不要太緊張，它只是在提醒妳，該去角質了，去了角質，排出肌膚裡的髒東西，肌膚也就能重放光彩了。

清洗的第三步就是去除痘。痘痘基本上每個人都會長，完全不長痘痘的人很少，因此，去除痘痘幾乎是每個人都要面對的肌膚問題。如果這種問題沒有處理好，不僅會傷害到妳的肌膚，還會在肌膚上留下難看的疤痕。

去除痘痘的方法也要根據痘痘本身來定。如果是已經冒白頭的痘痘，直接消毒之後擠出來就可以了。可如果是暗瘡的話，就有一點麻煩了，因為它不僅僅是紅紅的一塊，還不能完全把它擠出來，清洗乾淨，過一兩天，在原來的地方又會長出一個新的痘痘，如此反覆，沒完沒了。即便終於有一天妳將它徹底「消滅」，那麼在某天妳就會發現，原先的痘痘，現在已經成功「進化」成了一個疤痕。所以，美容專家建議，如果遇到這種痘痘，最好還是去看醫生，否則，在肌膚上留下疤痕就更不好了。

無論是哪個層次的清洗，次數可以多，除了早晚的清洗之外，中午也可以加一次。但動作一定要溫柔，以防破壞皮膚的纖維組織，纖維組織能夠使皮膚保持彈性和緊實。

除了清洗之外，保養肌膚還要營養。沒有營養的肌膚就如同沒有營養的身體一

樣，不是乾澀就是沒有光彩，乾澀或者沒有光彩的肌膚何來美麗之言？

要想給肌膚營養，首先要明白自己的肌膚是屬於哪個類型的，不同類型的肌膚所需要的營養也絕對不會相同。如普通的皮膚，既不會太乾，也不會太油，那麼只要保持正常的濕度也就足夠營養了，並沒有必要大補、惡補；如果是乾性皮膚，經常起皮、發癢，那麼就需要一些含水、油比較重的面霜，在第一時間給肌膚補充水分和油分；如果是油性皮膚，最好選一些清淡配方、無油膠質配方的面霜，或者選用含有松香油的晚霜，這樣就會有效調節皮膚營養，達到很好的營養皮膚的作用。

除了對皮膚進行必備的營養之外，消滅肌膚上的斑點也是非常重要的。肌膚上的斑點，永遠都是女人的最恨。無論是雀斑、曬斑還是妊娠斑，甚至是肝斑、天生就有的斑，都會給愛美的女性增添不少煩惱。對於像雀斑、曬斑、妊娠斑這些比較淺層的斑，可以簡單地通過面膜來解決，或者通過做脈衝光來消除。

不過對於肝斑和那些天生就有的斑痕，只能通過遮斑霜來進行覆蓋了。總之，要想讓自己的肌膚變得美麗動人，斑點是不能留在那裡接受別人的欣賞的。

美麗的肌膚同樣不能容忍大大的毛孔擺在那裡。毛孔太大，不僅不美觀，還不利於肌膚的健康。因為毛孔太大，粉刺、髒東西就容易在那裡滋生蔓延。要想縮小毛孔，最關鍵的一道工序就是去除粉刺。去除粉刺也很有講究，如果是淺層粉刺，只要定期去去角質也就可以了，而如果是深層粉刺，則最好用擠痘棒來幫忙。

另外，讓毛孔縮小還有一個祕訣，就是在用溫水洗臉之後再用冷水洗，給皮膚一個收縮的機會，長期如此，皮膚不僅可以變得有彈性，而且毛孔也會慢慢變小。

肌膚保養還有一個問題，就是如何保持肌膚的水嫩透白。現在很多人的皮膚都很容易變得乾澀，原因就在於他們長期生活在空調房裡，水分流失比較嚴重，導致皮膚老是處在一種乾乾的環境中，久而久之，昔日「嬌豔欲滴」的女人已成「明日黃花」。難道昔日的「面子」真的「一去而不復返了」嗎？不是的。只要妳稍稍對自己的肌膚進行保養，一切都還能回到過去。

補充肌膚水分的一個重要方法就是敷面膜，特別是含補水成分比較多的面膜，對於肌膚比較乾燥的人來說效果尤為明顯。然而光靠敷臉是不夠的，還得給身體補充營養。皮膚是身體的一部分，皮膚乾燥也就間接地說明身體也是乾燥的。

因此，可以多吃水果、多喝水，這樣就可以間接地補充肌膚的水分，當然，也

可以選擇一些膠原蛋白之類的保健食品，效果必然要好些。

在做好這些工作的同時，一定要記得保護自己的勞動成果——防曬。

雖然說很多人喜歡陽光，可是陽光對於嬌嫩的肌膚來說，可是一種無形的殺手，對於保養的成果也是一種明顯的破壞。它不僅會讓肌膚變黑，嚴重的還會灼傷皮膚，留下疤痕。因此，無論是春夏秋冬、陰晴雨雪都要記得防曬。

說到防曬，很多愛美之人都會不約而同地想到塗防曬霜。是的，它是一種有用的防曬措施，但是塗防曬霜的頻率一定要適中，最好每隔兩三個小時塗抹一次，如果在水中或者是正在出汗的時候，則應塗抹得更勤。

總之，要想讓自己的肌膚變得美麗動人，是要花時間去保養的。世界上沒有白吃的午餐，對於肌膚也一樣，只有先付出，才會有後來的回報。

另外，下面這些小竅門，或許能起上大作用。

(1)要保持肌膚的美麗，就必須養成好的習慣，不喝酒，不抽煙，少喝含咖啡因的咖啡、茶、可樂汽水等。酒精會影響肌膚健康，導致血管破裂和酒糟鼻，而咖啡因則會使皮膚脫水，造成皮膚乾燥、鬆弛，形成皺紋。

(2)保持美麗肌膚的另一個祕訣就是深呼吸。它不僅能消除壓力，還能給皮膚及身體的其他器官輸送足夠的氧氣，從而讓皮膚變得有光澤。

(3)清洗皮膚是必要的，但不能過度清洗，否則會使皮膚變得乾燥而且發癢，長粉刺或者是暗瘡等。同時過度清洗也會導致皮膚表面真正的保護層消失，使得細菌很容易地進入皮膚裡面，造成炎症。

(4)睡美容覺不是一種可有可無的方法，對於保養肌膚而言是非常必要的。人一旦缺乏水分就會造成荷爾蒙分泌失衡，影響自身身體狀況。這種影響也包括對肌膚的影響，會使肌膚迅速老化。

(5)營養食品對美麗的肌膚來說也是非常必要的，因為營養的食品會給身體產生的膠原和彈性硬蛋白提供原料，而膠原和彈性硬蛋白能支撐皮膚組織，使皮膚變得年輕而且堅實。

(6)陽光永遠是美麗肌膚的頭號敵人。不要說洗陽光浴多麼有利於健康，光說被陽光灼傷的肌膚對於女性的優雅，就不是一件好事情。因此一個懂得保護肌膚的人，不會長時間讓皮膚暴露在陽光下。

(7)想讓自己的肌膚變得水靈，除了要前面的保養之外，更重要的是要保持身體水分的充足。不要等到渴了再喝水，那樣妳的肌膚永遠都處於一種缺水的狀態，也就說明妳的肌膚永遠都不會水靈。

4．衣著決定女人的成功與失敗

看看自己生活的周圍，很多女性，往往不知道如何更好地穿著。大多數女性在穿衣方面只知道趕時髦、趕潮流，盲目地追求名牌，認為名牌勝過一切的「雜牌」或「無牌」。進了百貨公司，見了「天價」的商品，也會毫不猶豫地出手買下。但她們往往不考慮自己的膚色、身材等自身條件，結果不但浪費了大量的金錢，而且往往弄巧成拙。

任何人都不是完美的，包括那些看起來非常完美的人，區別就是那些看起來完美的人對自己的缺陷動了手腳，讓妳看不出而已。不要抱怨妳身體的缺陷，唯一的辦法就是用美麗的服裝來掩飾妳的缺陷。身體是妳自己的，不能因為有缺陷而放棄打扮，更不能因此而虐待自己。

穿衣服就如同變魔術，有的人成功了，也就變得漂亮了，而有的人還沒有學會，所以她們一直煎熬著。

服裝掩飾缺陷遵循一個原則：沒什麼不可以嘗試的。

1．臉大而圓

臉大而圓的女子，最好聽從專家的幾條建議——

(1)樣式簡單、大方的領型是這些人最好的選擇，她們不適宜有花邊衣領或過於複雜的衣領。

(2)下身最好著緊身褲或者是緊身裙。

(3)肩膀設計須稍寬闊，有墊肩更佳。

(4)妝容的色彩以明亮的單色或濃色為宜，如桃紅等。

(5)耳環可選用三角形狀的。

(6)胸針宜選用大型的，項鏈選擇長型的為最佳。

2．臉部瘦小

臉部過於瘦小的女性，與身體其他部位比例不協調，無疑是不太搭調的。這時候就可以通過服飾來掩飾這個缺陷。

(1)大衣領或領口寬大的衣服是這些人的首選。

(2)肩膀部分不宜有墊肩，不能寬大，順其自然為最好。

(3)在色調選擇方面，不宜採用淡色系列，應巧妙地配合濃淡部分，否則，會使臉部看起來更加顯小了。

(4)宜佩帶中等大小的耳環。

(5)項鏈不宜過長，能至胸口即可。

3．頸部粗短

頸部粗而短者可簡單地利用某些領型和髮型，來改變頸部的外觀。

(1)在領型上，一般比較適合U字形或V字形的低領型服裝。

(2)在衣服前面部分設計縱方向的條紋，這樣就會給別人一種縱向上的直觀感覺，從而掩飾頸部過短的缺陷。

(3)對於頸部比較短的人，髮型的設計同樣重要。適合選用長至雙肩的髮型，使其自然地遮蓋住頸部，減少頸部的寬度，也產生頸部削弱渾圓的效果。

4．胸部太小

小胸女人也可以性感，關鍵就看妳怎麼穿了。

(1)可以穿一件胸前帶有口袋，或者是特別花樣的上衣，這樣可以增加發散的效果。或者穿一件胸前有褶皺或綁帶的上衣，會讓胸部看起來比較豐滿一些。

(2)對於上衣的面料而言，選擇有紋路的布料或橫線條上衣，會讓胸部看起來更加豐腴些。還有，布料亮度比較高的衣服，也能使胸部看起來更豐滿些。

(3)泳裝的款式不妨選擇胸線有褶邊或褶皺的。

(4)對於衣服的款式來說，有墊肩設計的外套，會使胸部看起來比較挺，有機會可以選購這一類的衣服。

(5)較寬版的連身長裙，裡頭搭配襯衫或針織衫也是小胸女性的選擇。

(6)人們在妳鬆身的造型以及層疊的效果中，會忽略對胸部的關注，這樣也可以掩飾胸部過小的缺陷。

(7)二件式和多層次的穿法可造成視覺上的錯覺，製造出豐滿的效果。

(8)舒適而貼身的衣服會顯露胸型，在外面搭配背心或小外套，看起來胸部就會顯得比較豐滿。

5．胸圍過大

長洋裝，因可以搭配不同顏色的上衣而適時造成前胸圍的視覺切割，使得胸圍看起來順暢。但有一點要注意：選擇此類洋裝時需注意布料盡可能以平織布為主。

還有，一套雙排紐扣中長套裝，同樣也可以把過於豐滿的胸部掩飾起來。

6．臀部過大

轉移別人的注意力，多些細節放在性感的頸項上，從而把視覺的注意力集中到其他地方。臀部過大的人穿下襬寬鬆的衣服並不理想，應穿下襬較緊縮的衣服。

7．短腿

短腿還可以分好幾種。腿短並且腰比較細、臀圍比較寬的人最適合穿裙子，或者穿可蓋住臀圍線，稍微長些的上衣，而且是不收腰身的。這樣可以揚長避短。但是這類人不適合穿直筒褲，如果能順其自然地穿蘿蔔褲（是一種比緊身褲再稍微寬鬆一點的長褲），不失為因勢利導的一種穿著。

專家建議：如果想讓腿部變得修長一點，最好穿一些窄身的直腳褲，或者及膝裙，還要加一對尖頭涼鞋或高跟鞋。

8．不夠瘦

準備一件腰身卡得非常合體的上衣，並且確定這件上衣裁剪得非常適合妳，這樣在束腰帶時就不會亂糟糟的了。

一件有型的黑色夾克對於展示妳的形體來說，至關重要。及臀的上衣和直筒裙

搭配能塑造完美的直線；及膝的套頭衫和短裙把身體分成三部分，塑造出了更苗條的曲線；穿長度超過寬度的細長裙，則會讓自己看起來更加苗條；輕質料的針織衣不會對妳的身體曲線吹毛求疵；瘦長的褲子加上短短的上衣，就能很好地製造出腿長的效果。

9．體型高大

體型高大的人，該怎樣做才能讓自己散發女人味呢？

專家有以下幾條建議——

(1)宜穿橫條紋、斜條紋的衣服，這樣會讓身材看起來更秀氣。

(2)下襬散開的裙或圓裙，很適合這樣的女性。

(3)為了給人一種身材合宜的感覺，還可以在腰部裝飾小花束或在裙子上紮有花紋圖案的裝飾等。總之，儘量使上半身顯得瘦小一點就是了。

10．肩寬

寬肩膀對於男人來說是非常必要的，可是對於一個女人來說，就不是非常好了。怎麼辦呢？很簡單，從領型、袖長、圖案、色彩……找出最適合寬肩美人的穿衣哲學，擺脫自己的體型困擾，以展現勻稱的身材曲線。

比如說選擇V領的衣服。大V領是肩寬美人的最佳款式，借由V領的視線延伸，巧妙地隱藏住肩寬的缺點。

除了V領的衣服之外，還有一種就是U領的衣服，尤其是深U領也能「縮肩」。因為U領使頸部露出一片開闊地帶，頸部修長了，肩部自然也就變窄了。

深色系上衣同樣具有神奇的「縮肩」效果，因此在上衣色彩的選擇上，最好考慮深色系，這樣就會讓肩膀寬大的人不再愁眉苦臉。

轉移別人的眼光。有特色的上衣會讓人完全忘了肩寬。別緻的設計、花哨的圖案……只要能將人的視線從寬大的肩膀上移開，也就可以了。

11．背肥大（寬廣）

香港時裝設計師Pacino Wan說：「背部肥大（寬廣）的人當然大忌露背裝，其次就是背心了，會給人虎背熊腰的感覺，可以選穿深色短袖上衣，會收到一定的效果，款式以簡單為主，嫌單調的話可以把細節留在下身發揮，轉移別人的注意力，看上去就會瘦一些。」

12．手臂太粗或太細

手臂太粗或太細，就會顯得比例不協調，因此在穿衣服的時候要特別注意。

(1)手臂太細的人，在選擇服裝的時候應該選用長袖衣衫，用袖長以蓋住腕關節或可選用打皺褶的袖子以及喇叭袖，通過這種皺褶來移開別人的注意力。

(2)手臂細的人如果不得不穿那種無袖的衣服，衣服必須能蓋住肩膀。

(3)手臂太粗的人在選擇衣服的時候，最好選用那種面料略微貼身的，穿起來不太緊的衣服。

(4)手臂粗的人應選擇比較寬袖口的衣服，如果是短袖的話，也應挑長度應為上臂的四分之三左右的袖子。

(5)以織花或棉綢的長披肩遮住肩膀和上臂，通過這種方式來掩飾臂粗的缺陷。

13．身型瘦小

嬌小的女子是可愛的，但是如果過於嬌小，小到讓人看著有些可憐，那麼妳就應該注意，讓自己表現得更加大氣一點。

(1)體型瘦小的女子最好選擇花色素雅、簡潔的服裝。

(2)不宜穿衣領開口很大的服裝或衣袖多褶的服裝。

(3)不宜穿有很多褶的裙子（迷妳裙除外）或長至小腿的長裙。

(4)比較適合穿腰部裝有飾品的牛仔褲，若在腰部束一條寬腰帶可能會更妙。

14．腰粗

專家建議：如果妳腰粗的話，就不要放太多細節在腰間處引人注意。有一個改

善辦法就是穿質地柔軟的連身裙。因為裙子通常在胸以下已開始散開，所以此法會令人看不見腰的真正位置，可以掩飾腰粗的缺陷。

15．腿粗

腿粗的女性不太適合穿緊身的褲子，同樣不可以穿太短的裙子。為了掩飾缺陷，最好穿筒裙、長裙或者是喇叭褲。

16．腿細

腿太細的人不適合穿緊身裙，卻比較適合造型修長、挺拔的褲子，因為這樣看起來會比較漂亮，比如用毛料或燈蕊絨製作的長褲。

腿細的人在色彩選擇上以偏向明亮、淡雅的色調為宜。

17．小腹突出

凸出的小腹，永遠是一個美麗女性的缺陷，也是穿衣時的一大難題。如果處理不當，便會破壞了一件漂亮服裝的所有美感。對於這樣的情況，就必須學會選擇服裝來加以掩蓋。

(1)適合穿那種比較長的上衣，利用它的長度遮住微突的小腹。穿著此類上衣時，要注意將露在裙或褲外的衣服下襬均勻整理好。

(2)最好選擇有伸縮效果的面料。

(3)復古的花襯衫或T恤，配上背心或外套，用服裝的花紋來轉移別人的視線。

(4)A字形的窄裙也有很好的修飾效果。但有一點要儘量避免：把襯衫紮到裙或褲腰內，或是穿腹部剪接的打褶時裝，這樣會使腹部顯得更加醒目。

聰明的時尚女性，應該知道在買衣服時如何取捨，懂得買也要適時放下。每個女人都應該找到一種適合自己的穿衣風格，再根據時尚流行去模仿，而不是做時尚的奴隸。智慧型的美女，除了會花錢在值得投資的品牌上外，也會花小錢穿出名牌的氣度。只要妳懂得精打細算，善於搭配的技巧，花點小錢，妳也會是眾人矚目的焦點。

◎穿出個性的時尚混搭

一些穿舊了的衣服，只要運用搭配的智慧，便可以掌握絕佳的美麗密碼，既省錢又個性。

1．牛仔褲＋T恤＋針織外套

以針織罩衫搭配牛仔褲顯出優閒的態度，T恤宜選擇個性又不過分誇張的款式，恰到好處地點出女性的輕鬆活潑。

2．襯衫＋牛仔褲＋西服短外套

看似不同的風格也會搭配出時尚動感的韻味。短款小外套是春秋的百搭品，無論與任何材質搭配都能相得益彰。

3．裙子＋牛仔褲＋長袖T恤

輪廓蓬鬆的裙子有著女孩的甜美，將長袖T恤套穿在裡面，顯得輕鬆、活潑。

4．T恤＋牛仔褲＋短外套

T恤＋牛仔褲不免過於單調，搭配寬腰帶與西裝外套就能直接展現出一種帥氣的俐落感。

5．沒有醜女人，只有懶女人

其實，養生和美容並不是什麼大學問。只要有毅力，每天花時間多愛自己一點點，盡可能多地了解一些養生和美容之道，然後在生活中不間斷地堅持，不需要花費很多的金錢，我們就可以變成俏佳人。

秀和麗是初中同學，那時的秀是同學眼中的「花仙子」，是男生的「夢中情人」，而坐在她旁邊的麗，則恰恰是「醜小鴨」的最佳人選。王麗圓乎乎的小臉蛋，胖嘟嘟的小嬌唇，一雙烏溜溜的大眼睛靈活地眨巴著，男生們見了她總會哄然大笑地打趣她道：「小胖妞，今天又帶什麼好吃的啦？」

時光飛轉，一轉眼10多年過去了。昔日的「小胖妞」已經出落成亭亭玉立

的大姑娘，在一家大型企業擔任高級翻譯。優雅得體的裝扮，溫文爾雅的談吐，為她贏得了無數的鮮花和掌聲，還有一大批「慕名而來」的追求者。春節時，多年未見的初中同學聚在一起，當秀和麗出現在眾人面前時，大家都「大跌眼鏡」。當年的小胖妞今日已變成窈窕淑女，當年的花仙子今日卻……

原來，秀讀五專之後就嫁人了，不久她開了家小吃店，每天起早貪黑，勞累之中便失去了打扮的雅興，長長的頭髮隨意用橡皮筋紮在腦後，皮膚整天蒙著煙塵也沒顧上護理一下，時間長了，再美的容顏也就被「摧殘」掉了。

而考上大學的麗，意識到外表是女人的「重要環節」，便開始注意保養，除了修身之外，還做不同的護理，令她越來越光彩照人，氣質逐漸上升。這並不是因為王麗天生麗質，而是她懂得如何揚長避短，在裝扮上妝中，找到了最能彰顯自己的方式。所以說，世界上沒有醜女人，只有懶女人！

女人要追求美，就要付出代價。每天多花一點心思，在各個細節上重視自己的形象，這樣自然美麗就會多一點。

◎讓女人美麗的小竅門

(1)多做運動，在每一個可能的時候踮腳，像是在等車時、上樓梯時、工作間隙起立活動時。長期下來，小腿就會變得修長。

(2)多快走，多抬腿；少坐，少站，少蹲。這樣可以防止下肢血液循環不暢，減少腿部的浮腫。

(3)儘量少熬夜，睡眠不足會令身體的代謝變慢，體內的毒素和多餘廢物難以排出體外，從而容易導致身體水腫肥胖。

(4)注意飲食。多吃水果、蔬菜，補充大量維生素，有助於把體內多餘的水分排出體外；少吃含糖量、鹽分過多的食物，減少對身體的損害。

(5)不蹺二郎腿，因為這樣會嚴重影響腿部的曲線。

(6)每天堅持用溫水泡腳，並按摩幾分鐘，這樣可以促進血液循環，有助於睡眠，還可以幫助放鬆肌肉，增加彈性。

第2章

會經營自己的女人最幸福

女人的智慧，一方面表現為見識，一方面表現為知識。見識是指能夠觀察，審時度勢，平衡心態，把握機會，能進能退；而知識則是見識的基礎，是學習的積累，是一些管理的基本功。

1．女人要美就要靠自己

二十幾歲時，也許還可以仗著年輕和美麗，傲視群雌逍遙地生活，把生命中的很多東西都當成過眼雲煙，不懂得珍惜，也不去用心地經營；可是到了三十多歲時，如果依然是這個樣子，那可就真要好好檢討一番了。

做女人要懂得經營自己，常言道：「女性的美，三分來自父母，七分來自後天修煉。」從二十幾歲到三十幾歲，在這段妳人生中最燦爛的時光裡，別讓妳的年齡白長。要經營自己，把自己塑造成一個品牌。然而當前這個社會，懂得經營自己的女性往往會在大隊伍中，脫穎而出！

所謂「經營自己」，是個全方位的事，涉及到各個方面。在25～35歲之間，這十年是人生的重要時期，在學業、知識儲備、專業技能、人際關係溝通、形象禮儀、身體健康等方面，都要善於經營管理。擁有鮮亮的個人品牌形象，才能在生活和職場中無往不利。

做女人首先要明白的應該是關愛好自己，照顧好自己，經營好自己。一個智慧的女人，她可以不漂亮，但她應該擁有迷人的氣質、開朗的性格、獨立的個性、細膩的感情，以及深深吸引男人的魅力。女人只有愛自己，才能擺脫不自信；才能對自己的健康負責、對家人忠誠；才能愛慕自己的身體；才能吃出健康，穿出美麗；才能在美麗自己、充實自己的過程中，擁有成熟和優雅的魅力。

做女人，要學會愛。一個會愛的女人，從她準備做新娘的那天起，就用畢生的努力來維繫、更新她的愛情。因為，她深知，一紙婚約並不能幫她永遠守住另一顆心。她懂得，激情總會冷卻，唯有平平淡淡的相依相守，才是婚姻的真諦。

做女人，在生活的歷練中要明白：幸福要靠自己用心去經營，婚姻是兩個人的事情，是兩個志同道合者的合作。既然是合作，磕磕碰碰在所難免，因此，婚姻需要包容。同時，婚姻又是一種經營，是有目的的，是為了共同營造一個美好的生活氛圍，共同走完一段無悔的人生。

對於女性來說，懂得經營自己並不僅僅是在外表上裝扮自己，更重要的是在心靈上充實自己，挖掘自己，完善自己。懂得經營自己的女人知道這個世界，除了男人之外還有女人，女人一生中同樣擁有很多的機會和機遇，也能使自己長成一棵參天的大樹。既可以與男人這棵大樹並結連理，也可以在失去那棵大樹後，獨立撐起自己的一片天空。心態健康的女人，絕不會為已經枯朽的樹木傷心過度。因為在她們的心靈深處擁有一片森林！

對於女性來說，關注自身成長，享受生活美好，兼顧事業與家庭的和諧共進，已成為現代女性本真的追求。心靈的鮮活比容貌的鮮嫩更重要，如果妳不再年輕，那就讓妳的心靈年輕吧；如果妳不再漂亮，那就讓自己更可愛一些吧；如果妳連健康的體魄都不具有了，妳依然可以做一個心態健康的女人。要知道，擁有一顆健康年輕的心，可以做許多使自己愉快、讓別人歡樂的事情。

2．經營自己的長處，把短處包裝起來

善於經營自己的長處就能給妳原來平凡的人生增值，而使用妳的短處則會使妳可能輝煌的人生貶值。妳學會經營自己的長處了嗎？

讓我們先來看這樣的一則故事——

在馬克小學六年級的時候，來上課的數學老師是個矮矮的女老師，其貌不揚，課上也沒有什麼精彩的表現。同學們都深感失望，因而上課時總打不起精神，對數學也漸漸地不感興趣了。但有一天，馬克他們都被她震住了。那是在學「圓」的知識時，只見數學老師雙腿分開，半蹲著，唰地一聲，在黑板上畫下了一個非常標準的圓，課後同學們用圓規去量，竟幾乎分毫不差，馬克驚呆了。此後，同學們在課間時都模仿著老師的動作畫圓，並因此漸漸喜歡上了這位其貌不揚的老師……

故事雖短小，寓意卻深刻。掩卷回來，不禁想起這樣的話：國語水準高的教師，絕對能教出說出標準國語的學生；感情細膩豐富的教師，其學生也不免受其感染。每個人都有長處，要想成就偉業，妳就得善用自己的長處，經營自己的長處是睿智的抉擇。

成功必須「揚長避短」。專家發現，儘管其路徑各異，但成功的人都有一個共同點，就是「揚長避短」。傳統上我們強調彌補缺點，糾正不足，並以此來定義「進步」。而事實上，當人們把精力和時間用於彌補缺點時，就無暇顧及增強和發揮優勢了；更何況任何人的欠缺，往往都比才幹多得多，而先天上大部分的欠缺，也都是無法彌補的。人嘛！與其一輩子在改進缺點，不如放手發揚自己的優點！

對於女人也是如此，女人三十，成熟優雅的風姿才是妳最大的資本，倘若故意矯揉造作停留在小女孩樣，就貽笑大方了。

聰明的女人要學會發現自己的優勢，經營自己的長處。班傑明・富蘭克林說過：「寶物放錯了地方便是廢物。」就是這個意思。

在人生的座標系裡，一個人如果站錯了位置，用他的短處而不是長處來謀生的話，那會異常艱難甚至可怕，他可能會在永久的卑微和失意中沉淪。因此，認清自己的優勢和長處相當重要，即使它不足外人道，但可能是妳改變命運的一大財富。聰明的女人應該懂得如何去經營自己的長處，並把短處修正以及很好地包裝起來。

有一則笑話——

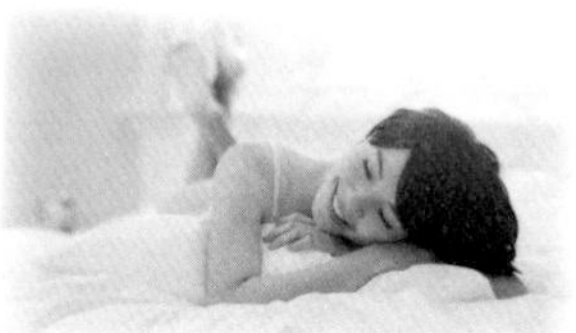

這一天，有位姑娘提著高跟鞋走進木材商店，請店主替她把鞋跟的軟木鋸短一些，店主照辦了。

過了一個星期，姑娘又來了，她問：「上次妳們鋸下的那兩塊軟木鞋跟還在嗎？我想請妳們幫我釘上去。」

店主對這個要求很感驚訝，便問其原因，姑娘說：「噢，這個星期我換了個男朋友，比上星期那個高多了。」

呵呵，一笑置之，聰明的妳，也學會了嗎？

3．增加氣質修養，讓自己更加有魅力

有些女人容貌美麗，可是妳感覺不到她有任何吸引人之處，有的女人姿色平平，卻有著一股說不出的魅力，讓人覺得她有致命吸引力。這就是氣質的魔力。有氣質的女人走到哪裡，都能吸引大家的目光和注意，並獲得了大家的肯定和讚許。

如果說容貌有形，氣質則是無形的，它是一個人內在的表現，外表的美麗是短暫的，氣質卻是長久的。氣質是每個人相對穩定的個性特點，每個人的習慣、個性與內在修養不同，因而每個人的氣質也就不一樣。但無論妳從事何種職業，任何年齡，妳都有著自己獨特的氣質與修養。可是只有擁有豐富內涵、良好素質和修養的女人，才可能擁有高雅的氣質。沒有良好的內在修養，胸無點墨的女人即使再美也會黯然失色，而許多相貌平平的女子，因為有了高雅氣質的襯托，竟越發神采飛揚，風韻動人。

「美麗和氣質」是兩個不同的概念——「氣質」包含了更多的元素，不僅指天生的容貌，更多的是舉手投足、穿著打扮顯露出來的品位、談吐，還有從內心深處散發出來的自信。

氣質好的女性總會吸引人們的注意，她們能輕鬆地贏得周圍人的好感，人們喜歡和她們在一起，這使她們一般都擁有良好的人際關係；氣質好的女性一般都受過良好的教育，有充足的文化底蘊，有良好的內在修養，因此她們很容易獲得上司的青睞；甚至對氣質好的女性來說，愛情都會相對順利。

不得不承認，有一些女人很幸運，她們天然有著一種優雅的氣質，從出生那天起，她注定是一個有著良好氣質的女人。可是，還有許多女人沒有這麼幸運，不過還好的是，氣質完全可以靠後天培養，而且後天培養也最為關鍵。增加氣質修養，三十幾歲正是時候。

時間有時候是很奇妙的，只要努力，人們就會變成自己想要變成的樣子。如果妳不滿意自己的氣質，那就要努力地去豐富自己、提升自己，讓自己的氣質有一個質的飛躍。但這並不是說養成好氣質可以一蹴而幾，氣質需要時間，它只能隨著妳內涵的提高而逐漸改變。

氣質是一種由內而外散發的東西，要通過很多方面、經歷很長的時間培養起來，包括妳接受的教育、妳的品位，還有妳後天的努力等。外在美可能幾個小時就能學到，但是內在的氣質卻要修煉，而且絕對需要時間的打磨。只要堅持下去，有一天妳便會聽到有人讚美——「妳的氣質真不錯！」

張曼玉就是一個最典型的例子。二〇〇四年5月，第57屆坎城電影節上，最佳女演員得主上臺致謝：「這是我一生中最難忘的時刻。」她帶著東方的素靜神韻和西方的明豔光彩，征服了世界各地的影迷，「謀殺」了現場記者無數的膠捲。

她，就是張曼玉。一個在銀幕上有著千種面貌、萬種風情的女人；一個從花瓶到影后，在歲月與鏡頭裡不斷修煉的女人；一個氣定神閑，雍容華貴，平淡自然，從生命深處散發出獨特魅力的女人。

看著她剛出道時的照片，只是一個清純無知的少女，長著兩顆小虎牙，不算太漂亮，也不算有氣質。十幾年過去了，身材高挑、皮膚細膩的張曼玉，已經四十多歲，歲月的痕跡已經爬上了眉眼之間，但她的美麗卻比年輕時來得更為搶眼，豐富的生活經歷為她增添了許多嫵媚和女人味，不時散發出成熟高貴、淡定從容的氣質，走到哪裡都閃閃發光。

她眼界開闊，腳步自由，喜歡挑戰，敢於冒險……她的美麗已經從電影裡延伸到電影外，如今許多人提到她，喜歡她，已經不再是因為某部戲或是某個微笑。更多的是她帶給大家的一種精神，一種讓人無法忽視的光亮。張曼玉身

上有一種神韻，這種神韻不僅體現在她從容、淡定的表情和舉止上，也體現在各大重要場合舉足輕重的著裝上，甚至她笑的時候，唇邊出現的那兩道弧度都有神韻在流動，這種神韻就是氣質。

有很多女人以為只要時時注意打扮自己，就會有氣質，就會有魅力，這種想法真是大錯特錯。有的女人很有錢，會花很多錢買很多衣服，可是這些昂貴的衣服穿在她的身上，別人絲毫不會覺得美麗，反而會覺得她膚淺，沒有品位。還有些女人，雖然花的錢不多，可是那些並不昂貴的服裝，穿在身上讓人覺得那麼合適，那麼舒服，那麼有味道。

如果想要提升自己的氣質，做到氣質出眾，最重要的是要不斷增加自己的知識，提高品德修養，不斷豐富自己，多讀書，多思考。閱讀可以豐富妳的頭腦，同時也會增加思維的敏捷度，思考會使妳變得更有智慧，久而久之，也會提高自己的言談和舉止。也只有真正從內心改變自己，才能達到持久的效果。

當然，談吐和適當的裝扮也很重要。說話時要注意分寸，巧妙措辭，避免使用一些低俗和粗魯的語言，禮貌地回答別人的問題，使自己的言談舉止大方得體，不顯得矯揉造作。

同時還要多關注一些關於時尚、服飾、配飾方面的資訊，要學會選擇適合自己的服裝，讓自己出現在任何場合都能衣著得體。

記得張愛玲老早就說過：「女人縱有千般不是，女人的精神裡面卻有一點『地母』的根芽。可愛的女人實在是真可愛，在某種範圍內，可愛的人品與風韻，是可以用人工培養出來的。」

覺得自己姿色平常的女人們，不滿足於自己氣質的女人們，從現在開始行動吧，只要努力，幾年後就可以看到一個全新的妳，一個氣質出眾的妳！

「經營自己」的含義——

第一，要善待自己。有一種女人，也許她是獨立的，她把所有的精力都用在了事業上；也許她是可依賴的，她把所有的心血都用在了家庭上，但就是不注意把時間、錢或者注意力用一些在自己身上，或者用在讓周圍的人更懂得愛護妳、更尊重

妳的活動中來。

第二，要投資自己。藝人凌峰娶了一個青島太太，他對她說過一句話：「女人要在青春遞減的時候，智慧遞增。」其實青春和智慧都是需要投資的，由於青春是短暫的，而持久的依賴關係是脆弱不可靠的。所以，女人最重要的是需要投資自己的智慧。

4．女人永遠不應該遠離時尚

時尚是一種生活品質，代表著一種心態，一種追求。懂得時尚，才能懂得美。一個不懂美的女人，本身就給世界減了一分色彩。人類崇尚真善美，人們奮鬥的樂趣在於生活會更美，人類社會進步的動力來源於對美的不斷追求。因此，女人不論年齡多大，都不能遠離時尚。

生活裡美的事物有很多，大自然是一種美，關愛是一種美，時尚則是另一種美，代表著美的潮流峰值。時尚是一種美的進步，美的變化。

世界如果缺少了時尚，將是一個僵化的世界。人如果缺了時尚，則是一座頹廢的老建築，縱使有其古舊美，仍然缺了幾分生命中更燦爛的顏色。

每個人都想讓自己看起來魅力十足，將自己最好的一面展現給大家。但是很多時候，每當女人們面對一堆衣服時，就又開始猶豫了：我該穿成什麼樣才好呢？

嘗試新的髮型，穿上當下最時髦的襯衫，這些當然對於樹立妳自己的風格有著一定的效果，但這些都只是「萬里長征」的第一步而已。盲目跟隨潮流的人，都是那些不知道自己要什麼的時尚盲從者，或者即使清楚地知道自己要什麼，也不知道應該如何去表達這些追求。

緊跟潮流又不致走偏的最直接的方法是通過「Look book」來尋找範本。從看到一個造型，把她的每一件單品都「肢解」開來，然後找到與其相似的單品，選擇妳喜歡的，拋棄妳不喜歡的，一直搭配到妳滿意為止。這就是最簡單，最快速的一個「範本學習」的方法。

同樣，妳也可以用眼睛來學習妳的風格。最簡單的方法就是參考那些在大街上遇到的，妳認為非常「時髦」的人士。不論何時，只要妳遇到了一個值得「模仿」

的對象，就應該問自己以下問題：「她身上的哪一部分造型讓她備受矚目？是髮型？衣服的合身程度？鞋子？顏色的搭配？還是整身衣服的結構組合？」

如果妳看到一個穿得非常「老土」的人，妳也應該問自己：「她為什麼看起來這麼『老土』呢？她應該如何改進呢？」

於是，妳便得到了屬於自己的時尚法則。例如，髒鞋能夠毀掉全身的裝扮，或者多少顏色同時出現在身上才算合適，等等。

如果妳不喜歡在大街上盯著別人思考問題，那麼，妳可以從雜誌上學到很多。比如《VOGUE》《ELLE》等。這種直接「送上門」的範本，比在街上尋找來得更加快捷，更加方便。

明星也應成為學習時尚的榜樣，但要選對好的，瑪丹娜就是其中一位。

某部電影裡，瑪丹娜上身僅著由一方條紋絲巾繞成的上衣，柔軟滑爽的質地，顯出女性的柔美。逆光中，她突然一個轉身，渾圓的肩和光潔的背在柔光中顯得豐盈柔美，和順滑貼體的絲巾交相呼應、渾然一體，性感嫵媚，女人味十足！妳不得不佩服瑪丹娜的著裝方式，她用一方絲巾把溫柔和性感兩個極端的美和諧地交融在一起，絲巾瞬間變得有聲有色。

瑪丹娜是一位千面女郎，常常用創作藝術品的態度來塑造自我形象。她可以妖嬈神祕如午夜的幽靈女子，也可以高貴典雅如希臘的女神；可以青澀甜美如鄰家的女孩，也可以溫柔豐盈如多情的少婦；可以誇張另類如瘋狂的狂歡蕩女，也可以雋永經典如歲月的沉澱。這種矛盾、多變、神祕、豐富的女性特徵，在她身上得到了完美的演繹。

世界上有三種人：第一種仰慕時尚，第二種把握時尚，最後一種締造和引領時尚。瑪丹娜無疑是最後一種。關於造型，她永遠有自己層出不窮的古怪主意。回首30年，瑪丹娜風情不墜，宛如奇蹟，她不變的資本是她自己。

瑪丹娜不變的原則就是：永遠變化。在她將近30年的演藝生涯中，她不斷地顛覆著自己的形象：高貴憂鬱如阿根廷國母（阿根廷，別為我哭泣），反叛瘋狂如物質女孩（那女孩是誰？）。還有她不可勝數的各種造型：和服、內衣外穿、女戰士、巫師……她就像是一位瘋狂的魔術師，掌控時尚的神祕。

明星的影響的確很大，但在這裡，妳要注意的是，適合明星的東西，並不一定

全部適合妳。很多時候，這些適合不適合都要取決於妳的身材、膚色、臉型、體型等。雖然這都是很強的限制因素，不過我們還是鼓勵妳儘量多地嘗試一些，妳從來沒有嘗試過的裝扮。畢竟，妳也許會發現一些更新鮮的想法，也說不定。

5. 抑鬱的女人

「我發現自己不穿他不喜歡的衣服，不買他不喜歡的東西。所有的打扮，都是為他。在我們的關係中，他是中心，我要盡力讓他開心。有時候我覺得這不公平，並感到憤怒和失望，但我壓抑著自己不要表達。我媽媽也是一生都聽爸爸的，也許我在要求不該要求的東西吧！」

這是一名抑鬱的女人對諮詢師說的話，她的話反映了抑鬱女人的典型行為和心理活動。臨床心理治療師發現，女人抑鬱往往是不敢表達內心需求和願望、自我否定、自我沉默的結果。

心理學家發現，抑鬱的女人在談到自己的悲哀和失落時，能明顯看出有兩個自我在對話。一個自我很清楚地知道自己的真實想法和感受，彷彿在說：「我要，我知道，我覺得，我看到，我想……」這個自我的聲音是真實的，被稱為「主我」。而另外一個自我則無情地譴責真實的自我，彷彿在說：「妳不能，妳必須，妳應該……」這個聲音被稱為「他我」。

如果「他我」占了主導地位，女人就會習慣於否定自己內心真實的想法、感受和願望，學會用一些消極的辭彙，如「依賴」、「被動」、「不成熟」等來評價自己的需要，貶低自己的感受，隱藏自己的能力，順應親密的人的觀點，以期得到對方的接納。長此以往，女人就會感到真實自我的泯滅，自我認同感和自我價值感消失，從而引發抑鬱。

這些抑鬱的女人應學會傾聽「主我」。女人對於親密關係的重視和依賴，對情感支持和交流的尋求，是非常真實的需要，絕不是「依賴」、「軟弱」、「不成熟」的表現。女人只有先肯定了自我的需要才能得到別人的肯定。

6．幸福的女人源於自信

自信的女人不一定有閉月羞花的容貌，可一定在眾人中有鶴立雞群的特別氣質。她開心她快樂她盡情地享受生命的樂趣，又清醒地保持靈魂的明淨。她深知陽光與黑夜的交替，身臨困境心中依然有光明和希望，絕對不氣餒。她的心像一顆種子，歷盡滄海桑田，洞徹世事煙雲，依然會頑強地從沙土裡開出美麗的鮮花。她的笑聲和細語如冬日暖陽，即使在逆境中也能化解人們心中堅硬的冰。

拿破崙就曾宣稱：「在我的字典中，沒有不可能的字眼。」這是何等豪邁的自信。正是因為他的這種自信，激起了無比的智慧和巨大的能力，才使他成為橫掃歐洲的一代名將，也成為了奇蹟的締造者和代名詞。

只有那些信得過自己的人，別人才會放心地將責任託付給她。缺乏膽量、對任何事情沒有主見、處理事情遲疑不決，不敢自己作主，還怎麼能挑起重擔，獨當一面，去獲得成功呢？

從容自信是一種感覺，擁有這種感覺，人們才能懷著堅定的信心和希望，開始偉大而光榮的事業。從容自信能孕育信心，妳能通過充滿信心的活動，使別人對妳和妳的意見產生信心。生活中的許多問題、困難，實際上正是來源於妳的信心不足，一旦獲得了信心，許多問題就將迎刃而解。

任何一個女人都可能存在這樣那樣的不足，如果在不足面前讓自己成為抱怨者，那麼一生就只能與失敗為伍了，如果我們用堅強的從容自信的心與實際的行動去加高自己，那麼即使最後不能達到多高的高度，成就多麼輝煌的成績，也能促使我們成就一段無悔的人生！

從容自信能使妳保持最佳心態，給妳最佳狀態，增強妳進取的勇氣。從容自信是挖掘潛力的最佳法寶，如果妳能堅定地相信自己，那麼妳才敢於奮力追求，實現自身的價值，才敢於去幹事，也才會激發自己的潛能。從容自信不是一句空話，從容自信不是自欺欺人。我們每一個人都有充足的理由相信自己。如果生活中充滿了從容與自信，生命將是非常美好的。

外表的美麗，會因為時間的消逝而漸漸黯淡，由內而生的自然魅力才是女人美

麗的源泉，而且這種魅力正是建立在從容自信的基礎上。從容自信所賦予的光彩，永遠不會因為時間而改變，從容自信是女性長久保持魅力的奧祕所在。

敏是位很靈慧的女人，然而遺憾的是，慧中有餘而秀外不足。她有一張怎麼瘦也顯得滿滿盈盈的田字臉，眉眼疏淡，而且有糟糕的男孩子的倒三角形身體，怎麼說也是一位很不漂亮的女人。大多數女人如果生來是她這樣，肯定會心灰意冷，自卑得不敢直面鏡中的自己。可是敏卻像美麗的女人一樣自信，雖然她也偶爾對鏡自嘲是「陰錯陽差」，但鏡前的她活得快樂、灑脫、充實得讓人羨慕。「不管妳長得怎樣，青春就是美麗，從容自信就是魅力。」

不美的她，懂得如何使自己顯得美麗，一頭飄飄灑灑的長髮，掩去半邊嫌闊的臉，寬鬆的T恤，緊身的牛仔褲，一步裙，顯示出一雙漂亮的長腿。她上圖書館，寫文章，學鋼琴，設計時裝，生活得比許多漂亮女人更有聲有色。正因她渾身洋溢著青春活力和特殊的魅力，不少出色的男人都樂意和她交往，她現在的男朋友，就是一位曾傾倒了不少漂亮女人的研究生。

其實，每個女性都有自己的那一份魅力，只是因為妳太自卑，太缺乏自信，以至於使妳的優點、長處、潛在之美，得不到挖掘和展示罷了。只有相信自己，才能激發進取的勇氣，才能感受到生活的快樂，才能最大限度地挖掘自身的潛力。哪怕妳是一個非常平凡的女人，只要妳對生活充滿信心，在人生的舞臺上，定能煥發出那一份屬於妳自己特有的女性的魅力光彩。

第3章

會經營自己的女人最幸福

21世紀的女性，比以往任何時代的女性都充滿自信、勇敢。她們敢於選擇自己想要的生活，有新型的價值觀念、道德觀念和處世方式。

1．會說話的女人才是贏家

無論妳天資多麼聰穎，接受過多麼高深的教育，長得多麼漂亮，假如妳無法恰當得體地表達自己的思想，妳仍舊可能會一敗塗地。而要想讓別人喜歡妳、承認妳，就必須培養自己的口才能力，只有這樣才能打開妳與他人之間溝通的大門，彼此的心靈才能碰撞，才能產生共鳴。

談話中溝通的效果取決於語言的魅力，這種魅力也表達著談話者的人格魅力。語言魅力不僅需要豐富的知識系統，還需要言辭表達的技巧。可以說，語言的魅力是知識、形體語言、言辭表達技巧有機的統一。

通過語言的魅力能夠向對方傳遞一種感染力、吸引力，使對方感到妳能夠把握整個時間，這種「力」的作用促使對方的思維自覺，或不自覺地和妳的語言融會貫通在一起。

每個女人說話的效果都會千差萬別。為什麼會這樣呢？原因在於說話的方法，

說話能力的差異，也就是我們所說的說話水準的高低。

語言是種神奇的東西，一句話說得好，可以說得人笑；一句話說得不好，可以說得人跳。一句話可以化友為敵，引發一場爭論甚至導致一場戰爭；一句話也可能化敵為友，冰釋前嫌。

可見，在現代交際中，是否能說、是否會說以及與言談交際相關的知識能力的多寡，實在影響著一個女人的成功和失敗。

在一場「香港小姐」決賽中，競爭進入了白熱化階段。現場主持最後問入圍的楊小姐：「假如要妳在下面兩個人中選擇一個作為妳的終身伴侶，妳會選誰？一個是蕭邦，一個是希特勒。」楊小姐想，回答蕭邦，便會落入俗套；選擇希特勒，難免挨人罵。

沉吟片刻，她乾脆地回答：「我會選擇希特勒。」在主持人的追問下，她巧妙地解釋說：「我希望自己能夠影響他。如果我嫁給他，也許第二次世界大戰就不會發生，也不會死那麼多人了。」

這種「柳暗花明」式的回答，不但使自己擺脫了困境，而且暗示了自己的不同凡響。果然，楊小姐妙語一出，台下掌聲雷動。

女人成功的祕訣非常多，而口才是最重要的因素之一。事業的成功與失敗，往往決定於某一次談話。在佛蘭克林的自傳中，有這樣一段話──「說話和事業的發展，有很大的關係，妳出言不慎，將不可能獲得別人的合作，別人的幫助。」這是千真萬確的，所以，妳想獲得事業的成功，必須具有良好的口才。

在今天這樣的文明資訊時代，探討學問、接洽事務、交際應酬、傳遞情感等都離不開口才。要想成為一個受歡迎的女人，得會說話、有口才。談吐是思想的衣裳，在粗劣或優美的措辭中，展現不同的品格，在不知不覺、有意無意間，為別人描繪出自己的輪廓和畫像。

成功的女人正是依靠出眾的口才而被朋友尊敬、被社會認同、被上司青睞和被下屬擁戴的。她們共有的特質表現為：能就眾人熟知的事物提出獨到的觀點；有廣闊的視野，談論的題材超越自身生活的範疇；充滿熱情，使人對其所提出的話題感到興趣盎然；有自己的說話風格……

口才其實是一個女人的知識、氣質、性格乃至思想觀念的綜合方面的反映。而這些特質，是可以通過後天的訓練得來的。只要肯下功夫練習，每個女人都可以成為口才大師、說話高手。一個女人必須不斷地加強自身的修養，同時拓展眼界和知識，才能進一步使口才成為事業騰飛的羽翼。

在社會中生存是需要溝通、交流的，人與人之間交流思想，溝通感情最直接、最方便的途徑就是語言。通過出色的語言表達，既可以使相互熟識的人之間情更濃、愛更深；也可以使陌生的人產生好感，更可以使仇恨彼此的人化干戈為玉帛，友好相處。

如果說沉默是金，那麼出眾的口才則是使妳在人群中閃耀的鑽石。

2．懂得幽默大家疼

男人說：愛一個女人，有很多理由，但其中一個，就是她的聰明，解人意，解風情，還懂得勇敢地自嘲，沒有比一個懂得幽默的女子更加性感的了，這是現代特立獨行、獨立自主的女子的代表。

一個女人，才華出眾，氣質高雅，美貌過人，聰明可愛，那就不能不幽默。沒有幽默感的女人，就像鮮花沒有香味，形似而神無，可惜了外表，看上去，總感覺差了一口氣。幽默是什麼，是智慧的提煉，是才華的結晶，明明是同樣一個意思，經過她的嘴，吐出來的就如珍珠般有光澤，讓聽者無法釋懷，常會暗暗地思索；怎麼話經人家的口這麼一演繹，聽起來就這麼入心入肺，又讓妳開懷，簡簡單單的道理，原來可以用另一種方式去表達。

幽默是真正的生活智慧，是經過生活的歷練仍然保持一份達觀、自信、絕不輕言放棄的生活態度，是絕不妄自菲薄的骨子裡的風情，也是經過大富大貴，仍能保持平和自我的心態，再大的事，經她的口輕輕一說，就雲淡風輕了。生活可以從另一個角度去解讀，女性的魅力，就在這一來一往的言辭中變得清晰起來，有了生動的韻味，這樣的女人，散發著女性真正的魅力。

即使是有著相同的經歷，即使都是出類拔萃、聰明過人，不同年齡的女性，也會有不同的時代烙印。人生經歷迥異，有幽默感的人，懂得自己需要的生活，懂得

從生活中提煉出生存的智慧，錦心繡口，帶著激情而現實的生活態度，快樂地享受著自己的人生。幽默不是低級無聊，幽默有尺度，不能最後演變成一場誰也不喜歡的鬧劇，只要不過分，沒有什麼不可以的。

在公共社交場合，恰當的幽默猶如金蘋果落在銀盤子中，會使妳魅力倍增。說話帶些風趣和幽默，更能體現出一位女性的修養，顯示出其人格的魅力和智慧。

有一位叫海棠的女孩，雖然沒有出眾的容貌和迷人的身材，但為人性情開朗、正直、幽默，許多人一旦和她交往幾次，就被她的幽默所吸引，不知不覺地感受到她的魅力。有一次，海棠參加同學生日聚會，和同學們回憶著大學時代的美好生活。不料主人在招呼客人時，一不小心將一杯水打翻，全灑在了海棠的身上，把她那身新衣服都潑濕了。

主人不知所措，顯得十分尷尬。海棠淡然地、從容鎮定地說：「一般的正常情況是聚會結束後，才會另外換衣服的，可是妳卻要我早一點換，謝謝妳了。」一句話，使滿屋的人都笑了起來，難堪的氣氛也一掃而光，大家對海棠都投來讚許的眼光。

幽默也體現出一個人的氣量大小。越是豁達、自信的人，越是富有幽默感；越是自卑、自閉的人，越難以容忍幽默的存在。幽默感是健全人格的重要條件。幽默像是擊石產生的火花，是瞬間的靈思，所以必須有高度的反應與機智，才能發出幽默的語句，那語言才可能化解尷尬的場面，也可能於談話間有警世的作用，更可能作為不露骨的自衛與反擊。幽默並不是諷刺，它或許帶有溫和的嘲諷，卻不刺傷人；它可以是以別人，也可以用自己為對象，而在這當中，便顯示了幽默與被幽默的胸襟與自信。

幽默是一種心境，一種狀態，一種與萬物和諧的「道」。幽默的語言來自純潔、真誠和寬容海涵般的心靈，是生命之中的波光豔影，是人生智慧之源上，綻放的最美麗的花朵，使人們能夠從妳那裡享受到的心靈陽光。幽默之魅力，如英國諺語所云：與人玫瑰，手有餘香。

幽默是笑的夥伴，會幽默的女人，走到哪裡就會把笑聲帶到哪裡。能給人帶去

笑聲的女人，自然是十分受歡迎的女人，自然也是辦事最容易成功的女人。那麼，我們怎樣才能學會說幽默而風趣的話呢？

有個女議員發表演講，在大家都側耳傾聽時，突然座中有一個聽眾的椅子腿折斷了，這個聽眾順勢就跌落在地面。此時，聽眾的注意力馬上就分散了，女議員見狀急中生智，緊接著椅子腿的折斷聲大聲說道：「諸位，現在都相信我所說的理由足以壓倒一切了吧？」話音一落，底下立即響起了一陣笑聲，隨後，就是熱烈的掌聲。

幽默是人類獨有的特質，是智慧的體現。因為它可以化解許多人際間的衝突或尷尬的情境，能使人的怒氣化為豁達，亦可帶給別人快樂，因此，具有幽默感的女人，無論到何處都會受到歡迎，從而人氣大增。

3．如何在複雜的人際中自由飛翔

與人交談的話題對能否給別人留下好的印象是非常重要的，如果妳初次遇到一個女人，她只是和妳聊一些妳不感興趣的無聊話題，妳會喜歡她嗎？

「與人寒暄最好的方法是以對方作為話題，如服裝、髮式、化妝等，尤其是初次見面的人，都很想知道別人對自己有何觀感。」

這是一位在社會上工作十幾年的女士的切身體會。比如，一位女子見到妳就對妳說：「妳在哪裡燙的頭髮？真漂亮，這個顏色非常適合妳的皮膚和臉型。」妳一定會對她心存好感。

是的，會說話的女人說出來的話總是能讓人高興地接受，聽著心裡也舒坦。比如，兩個女人說同樣一件事，其中一個說：「她皮膚很白，但是長得太胖了。」另一個則說：「她很胖，但是皮膚很白。」假如這兩句話是說妳的，妳更喜歡哪一種說法呢？

再比如，有個同事正忙著工作，妳正好有事找她，她卻不耐煩地說：「唉呀！討厭！我忙死了！」這時，妳千萬不要與她爭吵，妳可以大方地說：「啊！對不起，我正在失業中，如果您有事，儘管吩咐……」在那一瞬間，妳的這句回答必可緩和緊張的氣氛，對方也會感覺自己說話太過分，她必定會道歉：「我真抱歉，對妳實在太不客氣了。」

同樣的話，在會說話的女人嘴裡，就是一顆甜絲絲的糖果，而到了不會說話的女人嘴裡，就會變成一把傷人的刀。

聰明的女人知道，每個人都渴望自己的價值得到認可，渴望得到別人的讚美。尤其在我們付出了辛勤和複雜的勞動之後完成的工作，更是期待別人的注意和讚賞。同事之間如果能經常用毫不吝嗇的語言讚美對方，相信在工作的時候，激情會更高，工作效率也會提升。

霞剪了一個新髮型，她非常不滿意，幾乎和髮型師當場吵起來。當她極其不安地到了公司後，同事們都齊聲稱讚她髮型的清爽和簡潔。霞在這一片讚美聲之中，原來的怨氣一古腦兒全消了，心情變得大好，隨後幾天的工作都非常順利。

別人對待妳的方式，大部分取決妳對他們的態度。有的女人總是抱怨同事對自己不熱情、不友好，其實妳應該先反省一下，自己對待同事的態度又如何呢？這就像面對鏡子，如果鏡子中的形象令妳不悅，原因一定是妳的臉上表現出了不悅。想要別人如何待妳，妳就該如何待別人。一個熱情友好的讚許，就能換取對方同樣的態度，從而為相互溝通大開「綠燈」。

職業婦女除了工作之外，家庭幾乎構成了女人生活的全部。而和諧美滿的家庭，讚美是不能少的。再沒有比一個嘮嘮叨叨、成天抱怨的女人，更讓人退避三舍的了。

在現實生活中，女人比男人更習慣於用抱怨來發洩自己的不滿。雖然有時候，以抱怨的方式把鬱積在心中的不良情緒發洩出來，要比悶在心裡對健康有利。但是，作為妻子，如果妳每天都在丈夫面前抱怨不止，那樣只會引起他的反感。

人都有一種傾向，就是依照外界所強加給他的性格去生活，假如妳不斷讚美妳的丈夫，那麼慢慢地他就會以妳所說的標準要求自己，成為一個真正優秀的人。因此，每個妻子對自己丈夫的稱讚，都是對丈夫的一種鼓勵，這比直接「教訓」的言語，更能推動他盡力去把事情做好。

當男性聽到妻子諸如「你真是了不起」或「我為你感到驕傲」的讚美時，幾乎所有的人都會覺得心花怒放。有許多成功的男性用他們的經歷，充分證明了這種說法的真實性。

有一對年輕的夫婦，兩年前還做著零散的短工，後來發現鮮花行業很有發展，就開了一間花店，生意非常興隆。面對別人的稱讚，這位妻子總是說：「以前不知道我那口子有這麼多才能，他實在是沒有找到發揮的天地，現在他不但是一個好經理，還是一個優秀的策劃。真不知道他從哪兒學來的知識，能告訴任何一位顧客該給送花對象送什麼花。」

妻子的誇獎，使那位男人更加努力地學習和勤奮地工作，也促使花店的生意越來越紅火，夫妻關係更是越來越和諧。

一味地抱怨不能使男性進步，最好的方法是找出他已經施展出來的才華，讚美他、鼓勵他。當他信心不足的時候，找出他曾經做過的有勇氣的事情，比如：「記得那一次為了減少部門的浪費情況，你對老闆的提議嗎？這樣一件需要極大勇氣的事情，你已經做到了啊！真是不簡單。」就算再懦弱的男人，聽了這樣的話也會繼續努力的。

說話要講求得體，要適時、適情、適勢、適機，一切以適度、恰當為原則。說話想要得體，就要看身分、看對象、看場合。

一位穿著時髦的白領ＯＬ為購買一件時裝而遲疑不決時，年輕的女營業員忙上前說：「這件衣服品味高雅，銷路很好，今天早上就賣出好幾件。」那位小姐聽說後立即走了。

不一會，一位中年婦女來了，準備買一件新潮流行的背心，那位服務員接

受了剛才的「教訓」便說：「這件背心很氣派，一般人不太會欣賞，很少人看上，不過，妳的眼光真不錯！」這位中年婦女聽了也氣呼呼地走了。

這位女營業員錯就錯在沒有依說話的對象進行推銷。時髦白領追求的是特立獨行，當然不希望與人撞衫，而中年婦女更傾向於大眾的選擇。如果把上面所說的話置換一下，效果就不一樣了。

生活中，人是各種各樣的。因此，他們的心理特點、脾氣秉性、語言習慣也各不相同，這些因素決定了他們對語言資訊的要求是不同的。所以，不能用統一的通用的標準語的說話方式來交流，對不同的人群說什麼話，因人而異是非常必要的，否則無異於「對牛彈琴」。

一般說來，因人而異要考慮到以下幾個方面——

(1)**性別差異**　男女有差別待遇；對男性採取直接較強有力的語言，對女性則採取溫柔委婉的態度。

(2)**年齡差異**　對於年輕人應採用煽動性強的語言，對中年人應講明利害關係讓其自己斟酌，對老年人要用商量的口吻以示尊重。

(3)**地域差異**　正所謂一方水土養一方人，一方人有一方人獨特的性情特點。對於北方人可採用粗獷直率的態度，而對於南方人則要細膩得多。

(4)**職業差距**　與不同職業的人交往，要針對對方職業特點，運用與對方掌握的專業知識關聯較緊密的語言，增強對方對妳的信任度。

(5)**文化差異**　對文化程度較低的人採用的語言要簡潔，要多使用一些具體的例子和資料。而對於文化程度較高的人，則要盡可能表達得專業。

總之，與不同的對象談話，就要採用不同的談話方式。或忠誠、坦白，知無不言、言無不盡，或樸實無華、直而不曲，或引經據典、縱橫交錯，或含蓄文雅、謙虛好學。如此種種，儲存了各種的策略，才能在不同的人群之間，談笑用兵、應對自如。

4．會傾聽的女人最美

生活中，最有魅力的女人一定是一個傾聽者，而不是滔滔不絕、喋喋不休的人。唯有聽得真切，才能掌握對方的心理，說得準確，打動對方。

古時有一個國王，想考考他的大臣，就讓人打造了三個一模一樣的小金人讓大臣分辨哪個最有價值。最後，一位老臣用一根稻草試出了三個小金人的價值，他把稻草依次插入三個小金人的耳朵，第一個小金人稻草從另一邊耳朵裡出來，第二個小金人稻草從嘴裡出來，只有第三個小金人，稻草放進耳朵後，什麼響動也沒有，於是這位老臣就認定第三個小金人最有價值。

同樣的三個小金人卻存在著不同的價值，第三個小金人之所以被認為最有價值也在於其能傾聽。其實，人也同樣，最有價值的人，不一定是最能說會道的人。善於傾聽，消化在心，這才是一個有價值的人，應具有的最基本的素質。

傾聽是對別人最好的尊敬。專心地聽別人講話，是妳所能給予別人的最有效、也是最好的讚美。不管說話者是上司、下屬、親人或者朋友等，傾聽的功效都是同樣的。人們總是更關注自己的問題和興趣，如果有人願意聽妳談論自己，妳也會馬上有一種被重視的感覺。

在珍・奧斯汀小說《傲慢與偏見》中，麗琪在一次茶會上專注地聽著一位剛剛從非洲旅行回來的男士，講非洲的所見所聞，幾乎沒有說什麼話，但分手時那位紳士卻對別人說，麗琪是個多麼善於言談的姑娘啊！

看，這就是傾聽別人說話的效果。它能讓妳更快地交到朋友，贏得別人的喜歡。當然，傾聽不僅僅是保持沉默，用耳朵聽聽而已！

如果我們只用眼睛或耳朵來接收文字，而不用心去洞察發現對方的心意，就沒有實現讀或聽所希望達到的目的，結果只是浪費時間，並不能達到有效溝通的目的。真正的傾聽，是要用心、用眼睛、用耳朵去聽。女人不但要學會用耳朵傾聽，還要學會用心去傾聽。

在管理領域，作為一個優秀的領導者，首先應該是一位出色的傾聽者，善於傾聽，才有人樂於向妳傾訴。試想，一位不善於傾聽的領導，下屬剛一開口，就被一句話給頂了回來，或是聽也聽了，就是不起作用，甚至給予批評和指責。沒有引導鼓勵的話語，沒有好的思路的指引，沒有好的建議，久而久之，有哪個人會沒事找事，找領導傾訴呢？下屬有話也都悶在肚裡。領導不了解下屬，怎能領導部下，又怎能做好工作？可見，學會傾聽，善於傾聽，對領導何等重要。

在生活中也需要學會傾聽。在人與人的交往中，傾訴是表達自己，傾聽是了解別人，達到心靈共鳴。在人與人的溝通中，除了傾訴，我們還應該學會傾聽。當一個人高興的時候，我們要學會傾聽。傾聽快樂的理由，分享快樂的心情。當一個人悲傷的時候，我們要學會傾聽。傾聽痛苦的緣由，失意的原因，理解傾訴者內心的苦處，表示出憐憫同情之心，淡化悲傷，化解痛苦。當一個人處於工作矛盾、家庭矛盾和鄰里矛盾時，傾聽矛盾的癥結，幫助分析，為其分憂解難……

傾聽具有廣泛性，快樂的時候、痛苦的時候、幸福的時候，都需要傾聽。學會傾聽，能修身養性，陶冶性情；學會傾聽，能博採眾長，使人開拓思維，萌發靈感；學會傾聽，能養成尊重他人的習慣，緩解矛盾，創造一個和諧的人際關係。學會傾聽，是一種愛心，是關懷，是體貼，必將為我們贏得親情、愛情和友情。

學會傾聽就是學會一種美德，一種修養，一種氣度。我們不能無休止地吵鬧，無休止地爭執；不能永遠自以為是地「聽我講」，要堅持「聽大家說」。這不僅是對講話者自我尊嚴的維護，也是對聽者的尊重。

「造物主」給了我們兩隻耳朵，而只有一張嘴。學會傾聽，實際上就已經是走在了前進的道路之上。

5．傾聽是最好的恭維

如果妳希望成為一個善於與人溝通的高手，那妳就得先做一個注意傾聽的人。要使別人對妳感興趣，那就先對別人感興趣。

傾聽別人說話是與人有效溝通的第一個技巧。要想做一個讓人信賴的人，這是個最簡單的方法。眾所皆知，最成功的處世高手，通常也是最佳的傾聽者。

傾聽是對別人的尊重和關注，也是每一個人自幼學會的與別人溝通的一個組成部分，它在日常的人際交往中具有非常重要的作用。

1．傾聽可以使說話者感到被尊重

專心地聽別人講話，是妳所能給予別人的最大讚美。不管對象是誰，上司、下屬、親人或者朋友，傾聽都有同樣的功效。人們總是更關注自己的問題和興趣，如果有人願意聽妳談論自己，馬上就會有被重視的感覺。

2．傾聽可以緩和緊張關係

傾聽不但可以緩和緊張關係，解決衝突，增加溝通，還可以增進人與人之間的相互理解，避免一些不必要的糾紛。

全球最大的毛料供銷商朱利安．戴莫一次碰到一位怒氣沖沖的顧客，他欠錢之後，會計部門堅持讓他償付欠款。這位顧客後來隻身跑到他的辦公室，揚言不但拒絕付款，而且不再從他那裡進貨。

「我耐心聽完他的話，然後說：『非常感謝你告訴我這些話，因為我的會計部門會冒犯你，肯定也會冒犯其他顧客，這太糟糕了。』他本來想大鬧一場，而憤怒在我的耐心傾聽中化解了。」

3．傾聽可以解除他人的壓力

把心中的煩惱向別人訴說能減緩自己的心理壓力，因此，當妳有了煩惱與各種負擔時，去找一個友善的、具有同情心的傾聽者，是一個很好的解脫辦法。

4．傾聽可以使我們成為智者

傾聽可以讓我們學到更多的東西，更好地了解人和事，使自己變得聰明，成為一名智者。

雖然報刊電視等媒體是人們了解資訊的重要途徑，但會受到時效的限制。而傾聽卻可以迅速地得到最新的資訊。人們在交談中有很多有價值的消息，雖然有時常常是說話人一時的靈感，對聽者來說卻很有啟發。

實際上就某事的評論、玩笑、交換的意見、交流的資訊，以及需求消息，都有可能是最快的消息，這些消息不積極傾聽是不可能抓住的。所以說，一個隨時都在認真傾聽他人講話的人，在與別人的閒談中，就可能成為一個「資訊的富翁」。

5．傾聽會給對方留下深刻印象

許多人之所以不能給人留下良好的印象，就是因為不注意聽別人講話。戴爾．卡耐基曾舉過一例：在一個宴會上，他坐在一位植物學家身旁，專注地聽著植物學家跟他談論各種有關植物的趣事，幾乎沒有說什麼話。但分手時那位植物學家卻對別人說，卡耐基先生是一個最有發展前途的談話家，此人會有大的作為。因此，學會傾聽，就意味著妳已踏上了成功之路。

6．傾聽的技巧

那麼，如何才能學會傾聽呢？這就要求處於人際交往中的女性，要熟練掌握傾聽的技巧。

1・傾聽時要有良好的精神狀態

良好的精神狀態是傾聽品質的重要前提，如果溝通的一方委靡不振，是不會取得良好的傾聽效果的，它只能使溝通品質大打折扣。良好的精神狀態要求傾聽者集中精力，隨時提醒自己交談到底要解決什麼問題。聽話時應保持與談話者的眼神接觸，但對時間長短應適當把握。如果沒有語言上的呼應，只是長時間盯著對方，那會使雙方都感到局促不安。

另外，要努力維持大腦的警覺，而保持身體警覺則有助於使大腦處於興奮狀態。所以說，專心地傾聽不僅要求有健康的體質，而且要使軀幹、四肢和頭部，處於適當的位置。

2・使用開放性動作

開放性動作是一種資訊的傳遞方式，代表著接受、容納、興趣與信任。

開放式的態度是一種積極的態度，意味著控制自身的偏見和情緒，克服思維定勢，做好準備積極適應對方的思路，去理解對方的話，並給予及時的回應。

熱忱地傾聽與口頭敷衍有很大區別，它是一種積極的態度，傳達給他人的是一種肯定、信任、關心，乃至鼓勵的資訊。

3．及時用動作和表情給予呼應

作為一種資訊回饋，溝通者可以使用各種對方能理解的動作與表情，表示自己的理解，傳達自己的感情以及對於談話的興趣。如微笑、皺眉、迷惑不解等表情，給講話人提供相關的回饋資訊，以利於其及時調整。

4．適時適度的提問

溝通的目的是為獲得資訊，是為了知道彼此在想什麼，要做什麼，通過提問可獲得資訊，同時也從對方回答的內容、方式、態度、情緒等其他方面獲得資訊。因此，適時適度地提出問題是一種傾聽的方法，它能夠給講話者以鼓勵，有助於雙方的相互溝通。

5．要有耐心，切忌隨便打斷別人講話

有些人話很多，或者語言表達有些零散甚至混亂，這時就要耐心地聽完他的敘述。即使聽到妳不能接受的觀點，或者某些傷害感情的話，也要耐心聽完。聽完後才可以反駁或者表示妳的不同觀點。

當別人流暢地談話時，隨便插話打岔，改變說話人的思路和話題，或者任意發表評論，都被認為是一種沒有教養或不禮貌的行為。

6．必要的沉默

沉默是人際交往中的一種手段，它看似一種狀態，實際蘊含著豐富的資訊，它就像樂譜上的休止符，運用得當，則含義無窮，真正可以達到「無聲勝有聲」的效果。但沉默一定要運用得體，不可不分場合，故作高深而濫用。而且，沉默一定要與語言相輔相成，才能獲得最佳的效果。

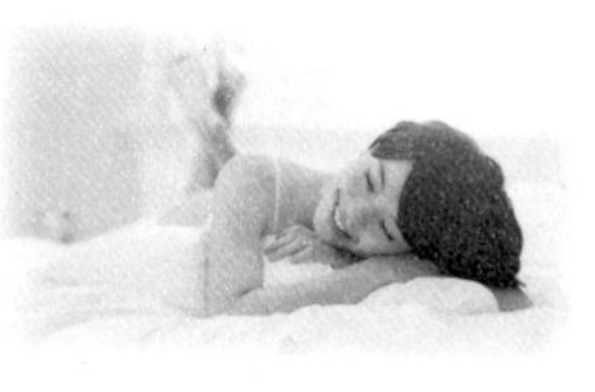

總之，如果妳希望成為一個善於與人溝通的高手，那妳就得先做一個善於傾聽的人。要使別人對妳感興趣，那就先對別人感興趣。問別人喜歡回答的問題，鼓勵他人談論自己及所取得的成就。不要忘記與妳談話的人，他對他自己的一切，比對妳的問題要感興趣得多。

傾聽是我們對別人最好的一種恭維。聰明的女人，是一個會傾聽的女人，善於傾聽，就會讓妳處處受到歡迎。

7．從上到下，妳的身價有多少

妳問過自己，從上到下，妳的「身價」有多少嗎？

女人一定要過好生活！當一個人陷在金錢的迷霧裡時，往往搞不清楚目前的經濟狀況如何。女人要過好生活，捨得寵愛自己，不一定是要像貴婦一般逛街、喝下午茶，或是隨時誇耀自己的財富。

與其購買名牌衣物，不如投資有保障的保險，起碼可以讓妳自己安心。如果妳總是不清楚自己的財務狀況，或是在財務上沒有獨立自主的概念，妳的生活很容易就會受到外在因素的影響，無法全力掌握自己的生活。

想要塑造屬於自己的黃金人生，首先，妳就先要學會檢視自己的身價。若只是隨意地做出理財計畫，或是只會賺錢，不會理財，就像每天不洗臉、不卸妝的人，卻買了一堆彩妝眼影，到最後，臉上可能不僅沒增添光彩，反倒長出了一大堆痘痘，破壞了自己原有的膚質……

8．檢視自己的身價在哪裡

想算出自己有多少財富身價，最簡單的計算方法就是，找出屬於自己的動產與不動產有多少。妳可以問自己以下的問題——

・我的存款有多少？

・我的可用現金有多少？

・我的收入有多少？（包括月薪、各種獎金，及業績獎金等。）

- 我的工作可以持續到多久？
- 我擁有多少有價證券？（包括股票、基金、保單等。）
- 我所擁有的房地產現值多少？
- 我所擁有的車子現值多少？
- 我擁有的有價物品現值多少？（珠寶、收藏品；請勿將購買時昂貴、但現值為零的名牌商品計算進來。）
- 我目前已經在做哪些理財規劃？而這些計畫以後每年可以為我賺取多少收入？

但是，妳一定還要問自己——

- 我的信用卡負債有多少？
- 我的房貸還有多少？
- 我其他的欠債還有多少？

總資產減去總負債即等於妳目前的身價。

希望妳看到自己答案的感覺，是一種歡天喜地的快感，而不是冷汗直流的緊張。有趣的是，女性朋友很少去思考這樣的問題，而且通常都是在夫妻關係緊張，或男女朋友分手、清點雙方的剩餘財產時，才開始發現自己的身價有多少？

9．為什麼要計算自己的身價

因為這樣妳才能知道，「我離自己的夢想有多遙遠？」妳也才能知道，「我還要付出多少努力才能實現它？」說不定夢想只有咫尺之遠，只是妳的專注力放錯了方向。妳只要拉回一點生活的重心，就能在夢想與責任之間找到平衡點；或許妳的夢想定立得太遙不可及，了解自己的身價，換一種方向去思考，妳會讓自己過得更滿足。

因為這樣的省思，妳甚至可以計算出——

- 如果我失業，我可以撐多久？
- 如果我感情失敗，我可以不賺錢「任性」多久？
- 我可以用多少錢培養自己的興趣？

．如果我在一段感情中，扮演經濟支出的主要角色，到底我可以養這段感情多久？

．如果我想放下一切，到異國重新開始，我會有多少生活費？

．我可以不靠孩子的爸爸，獨力撫養孩子到幾歲？

．如果我生病了，我可以請人照顧自己到多久？

．我可以留下什麼給我最親愛的人？

．我的年度計畫是什麼？

如果妳隨時都會檢視妳的身價，同時親手畫一張夢的藍圖，每隔一段時間妳就問問自己：我的計畫實現了多少？

那麼妳不但可以善用理財創造幸福，而且會有更多的本錢來打造自己的人生。

第4章

女人是男人的激勵大師

男人要捧，女人要寵，這是兩性相處的一種藝術。聰明的女人應該學會用欣賞的目光和話語去開發男人的ＥＱ，恰到好處地去捧，到頭來受益的還是女人本身。

1．好男人是被誇出來的

有人說，男人有沒有男人味，多半是女人捧出來的。女人會捧的話，再懦弱的男人也會陽剛幾分；女人不會捧的話，再剛強的男人也會陰柔幾分。很多男人在人前是個頂天立地的硬漢，人後卻像個虛弱疲倦的孩子。一個女人如果老說自己的男人無能，男人可能要麼一蹶不振，要麼就會在萬念俱灰中，找尋另一個激起他新希望的女人。

聰明的女人應該學會用欣賞的目光用熱烈的話語，去開發男人的智慧和潛力，即便妳自己的男人是一個最普通最平凡的人，妳也要用伯樂一樣的慧眼，去發現妳這匹千里馬不為人知的閃光點，妳也要用自己的激情和愛去為他鼓鼓掌捧捧場……

一個男人愛上一個女人的理由有很多種，她聰明、漂亮、氣質高雅、溫柔賢慧，如此等等，都是讓人喜愛的優點。另有一個祕密是，這個女人之所以可愛，是因為她令男人覺得自己更優秀。當一個女人能令一個男人自覺更聰明、更威猛、更

能幹、更強壯，或者更性感時，這個男人，很快就會落入她甜蜜的掌心中。

像所有的雄性動物一樣，男性也喜歡在異性面前顯現自己漂亮的、強大的一面，只有在無人的角落裡，才肯默默地舔舔傷口或者偷偷地喘口氣兒。當他們因為自己的平凡、軟弱而傷感和自卑的時候，如果有一個女人時不時地告訴他：「你一定行的！」或「你很棒啊！」或「你一向都是不簡單的！」或「我最崇拜你！」這種讚揚會使他心中充滿幹勁，回過頭來，他會以更加充足的愛意來回報妳。

稱讚老公，要能在平淡之中見深情，源源不斷地向他傳達妳的欣賞和愛慕。至於他值得驕傲的具體之處，還需要我們去耐心發掘。男人必然有許多值得稱讚的行為，只是被忽視罷了，這就要事事處處加以留心。這就要求我們對他的一切感興趣，這是至關重要的，否則就失去了稱讚的源泉。這樣他每一次漂亮的舉動，都能及時得到老婆的讚美，比如：「這事你想得真周到！」或「你真厲害，這麼困難的事都能完成！」或「沒有你，這件事情還真不好辦！」這種指義明確的稱讚，更容易使妳的老公獲得感情上的滿足。

如果妳們的生活中近日沒有特別的事發生，稱讚老公也是不能落下的功課。這時妳不妨使用較籠統的稱讚方式，如：「我真高興嫁給你這種男人，她們都羨慕我呢！」或「家裡有你，讓我什麼都不用擔心！」感情的火花，就這麼激起來了。

沒有任何一個丈夫，能夠抵擋得住老婆讚美的話語、充滿柔情和崇拜的眼神。美好的生活，從稱讚開始。

和諧法則——

哲人說得好，女人注重在婚姻中被丈夫愛，而男人則注重於婚姻中被妻子稱讚。那麼，男人最希望被稱讚的是什麼呢？

1・強壯、有氣力　　2・男性的勇氣
3・做事有責任感　　4・具有領導才幹
5・性能力　　6・決斷能力
7・過人的智力　　8・踏實穩健的作風
9・在男性社會中的聰明表現　　10・成就、成功及專長
11・判斷事情十分縝密　　12・具有崇高的理想及抱負。

2・按妳期望的樣子表揚他

生活中，我們都有這樣一種心理：對於那些看重我們，對於我們寄予深切期望的人，我們絕對不忍心辜負他們，在他們面前，我們一定會竭力保持自己的美好形象，回報他們的這種期待。

人不容易被外來的壓力征服，卻可以被溫情的讚美征服。男人們都有強烈的自尊，他們更需要被人肯定。對此，妻子們是心領神會的。

當妳認為自己的老公太散漫、太懶惰，他應當為妳們的小家庭多盡一份力時，愚笨的女人會嘮叨、用抱怨逼迫他，聰明的女人，可以按照自己期望的樣子誇獎他，讓他美滋滋地聽從妳的指引。

妳想讓他多幹些家務活嗎？只需讓他感到被需要即可，比如，妳可以誇他強健有力。當他手持雜訊震天的電鑽時，他會感覺自己就像藍波一樣威猛。

在他把薪水交給妳的時候，妳要感謝他，「老公，謝謝你，你好辛苦！」——

嗯，等他上廁所或洗澡時，妳再確認一下——他的皮夾，是否把加班費和獎金，也一併上繳了。

無論他心血來潮地做了什麼，比如釘了一個架子，妳都要誇獎他。也許這個架子被釘歪了45度，架子上的東西可能會從一端滑向另一端，這都沒有關係，妳只需像在動物園裡給表現最好的海豹鼓掌一樣，然後趁他不在的時候，叫一個修理工把架子改好。如果在這個時候妳說：「架子是歪的！」那妳就慘了。他會因此不再做任何家務活，離妳的期望越來越遠。

熱心的稱讚可以使男人進步，這是個顛撲不破的真理，在一個好老婆的鼓勵下，男人從懶惰的毛病到不夠自信的性格，都可以得到很大的改觀。

蓁是個很普通的女孩子，在一家雜誌社任助理編輯，雖然穿衣打扮很新潮，但不能算是個美女。就是這樣一個平凡女子，但她的愛情卻異常美滿。

她的老公小陳和她是大學同學，小陳踏實肯幹，早在大三時就開始幫一個大公司做些小型企劃專案。畢業後，進入該公司上班，只兩年便被提拔為產品

研發經理，收入頗豐。

老公非常寵她，每次外出公幹，回來都會給蓁買許多時尚服裝，和女人們喜歡的小飾品。在家的時候，也都儘量地陪著老婆，並且會主動分擔家務。

蓁表示：「我老公是完美無缺的，雖然別人不這麼認為，甚至他自己也不這樣認為……」

她的老公確實不算完美，戴著厚厚的眼鏡，嚴謹有餘，倜儻不足。

「我知道他的毛病，他總是把自己想得太低。」她笑了笑，說道：「這可不行，我可不想讓我的孩子有個懦弱的父親。所以，從大學時代開始，我就天天想方設法吹捧他，甜言蜜語，花言巧語，豪言壯語，我就不信他不愛聽。現在為什麼他那麼努力工作，不但表現好，職位也不斷地升級……嘿嘿，家裡有個激勵大師呢！」

當老公在事業上停滯不前時，我們可以讚美他有潛力、有發展空間，上司很快就會發現他的能力；如果他是一個不關心家事的懶人，我們可以把他為家裡做的一些微不足道的小事，鄭重其事地提出表揚，誇他是能給老婆帶來幸福的新好男人。用我們熱情的稱讚，把老公打造成期望中的樣子。

3．誰都可以打擊他，老婆不行

在婚姻生活中，有一個非常有趣的現象，男人們的自我評價大部分來自妻子對他們的看法。如果妻子說他經常不守時，不懂得理財或者穿著邋遢，那麼丈夫在某種程度上，就會相信自己是這樣的人，因為他相信妻子是這個世界上最了解自己的人，她的說法不會有錯。

家庭聚會之後，丈夫在幫助收拾碗筷時，妻子想起了多年前的一件小事，就轉身對一個朋友說：「妳看！他常常會端不住碗，把湯灑得到處都是。」事情果然被她言中了，丈夫似乎是按照妻子的「旨意」去做的。當然，妻子並不希望他出錯，但是丈夫卻感覺到無論怎樣，這個錯誤都會成為事實。

有些妻子隨時都要給丈夫一些提示，當然，她們的出發點是好的，這也是為了匡正他的行為，不讓他出亂子，但結果往往不盡如人意。

向丈夫傳達出負面暗示不僅會使他受到傷害，而且對於我們來說也不會有任何收效。如果妳認真審視一下妳們夫妻間的關係，就不難發現這些負面暗示，從未起到過任何作用。在妳明確地指出他的不足之後，他並沒有花更多的時間陪孩子，沒有比以前更關心家裡的大小事情，也沒有就此改掉了一些不良的習慣。

通常情況下，當一個人醜陋的一面被揭開時，他是不會試著改善自己的。他最多不過是心不在焉地配合一下，最糟糕的是，他會很反感並按相反的意思行事。當妳習慣了使用這種負面暗示的方法和丈夫相處時，最終會導致丈夫產生逆反情緒，使事情越來越糟。

相反，來自妻子的積極的暗示，卻可以幫助老公找到自信，充分挖掘出他自己的潛力來。當妳給予丈夫充分的信任時，即使妳的信任在外人看起來是有些過火，但只要是信任，就會激發丈夫不懈地朝更好的方向努力，同時喚醒他對妳本能的溫存。這時，妳會相信自己當初決定嫁給這個男人是個正確的決定，他也會給予妳更多的快樂和寵愛。

4.「觸犯」了老公，趕緊修補裂痕

很多有生活經驗的女人都明白，老公是拿來崇拜的，男人的自尊往往是不可侵犯的。只是在生活中，女人們難免有疏忽大意或著急上火的時候，一不留神，就忘了對老公的激勵原則，一些他不願意聽到的話，不受控制地就從嘴邊溜了出來。

小晴的生活狀況普通得不能再普通，老公只是一個普通職員，每個月領固定的薪水，餓不著也撐不著，但是，小晴心底所希望的，卻不是這樣的生活。

她不喜歡老公每天按部就班死板板地生活，她認為造成這種狀況主要是老公對現狀太容易滿足了。時間久了，小晴的著急，就漸漸寫在了臉上。

「你看人家隔壁的王先生，才跳槽不到半年就升職做經理了，他太太每天都打扮得花枝招展呢！」

「你看人家樓上陳先生，年薪百萬，要是你能賺那麼多錢，我們就不用每個月為房貸發愁了。」

「你看對面的張先生，才工作沒多久，就已經幹到主任的位置。」

剛開始小晴說的時候，老公只是應付性地答應一下，但是一次、兩次、三次，以至於很多次過去了，老公終於受不了了。

「你看人家……」

當小晴又一次說出口的時候，老公把她的話打斷了。

「不要再讓我看人家了，如果人家那麼好，我這麼沒本事，妳為什麼不嫁給那些『人家』呢？我不是人家，我有我自己的想法、我有我自己的安排，別一天到晚人家、人家的……什麼跟什麼嘛！」

一向有些內向的老公忽然說出這麼一大段話，把小晴嚇了一跳。

「我不是那個意思……我……」小晴不知道該怎麼表達自己的意思了。但是這時老公已經走進房間去了，留下小晴一個人在客廳發呆！

在婚姻生活裡，這是常見的小衝突。上天作證，這裡面的男人和女人都沒有原則性的錯誤，他們只是沒有完全理解對方的心意而已。在女人看來，自己絕無看不起老公的意思，但是家裡要供房貸、要生活，要為將來孩子的教育做準備，而老公卻鬆鬆垮垮，這怎麼得了呢？自己只是想激勵激勵他，犯得著挑字眼嗎？

對於老公，委屈就更大了。男人最忌諱把薪水——尤其是本來就不夠高的薪水，和本領連在一起。和別人比較，更傷他們的自尊。自己辛辛苦苦地在外面工作，只是一時不見成效，老婆就不滿意了，豈不讓自己的處境更為艱難？

不管怎麼說，這場不愉快是妻子引發的，理應由妻子來收場，怎麼辦？鄭重其事地道歉嗎？這樣可能會越描越黑，女人們不要忘了，我們的讚揚法則是百用百靈的，只是這時手法要稍微變化一下了。

妳可以招呼老公：哇！那雷雨聲好可怕，老公還好你在家，不然我會怕死了！燈壞了，老公幫人家換一下！我的電腦怎麼不動了，老公快過來幫我看一下！

這些都是女人們含而不露的讚美，表示——「我需要你，離不開你，如果你不在，我簡直不知道該怎麼生活？」

第5章

不會撒嬌的女人最乏味

會撒嬌的女人是最美的，懂得撒嬌的女人是懂得生活的女人。女人的撒嬌是生活的調味品，更能激發一個男人的愛和呵護的情愫，她會收穫更多的愛，這是一個良性循環。

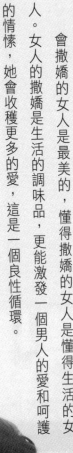

1．撒嬌讓生活有滋有味

在每個女人小的時候，嬌嗲是與生俱來的。當她們犯了某種錯誤，或者有了某種要求時，乖巧地笑一笑，拉著父親的衣袖央求幾聲，大人們立即心軟了，本來想斥責幾句的，反而變成了輕聲的安慰；本來不想答應的事兒，也遂了孩子的心願。撒嬌如此奇妙，可惜隨著女孩子的成長，有些人竟不自覺地放棄了這項權利。

琳從上初中開始，就在外地求學住校舍，長年的集體生活，鍛鍊出了她堅強獨立的性格。她的人生旅程也頗為順利，大學畢業後，成為了當地一所重點高中的化學老師，第二年就帶了畢業班，並在升學考試中取得了出色的成績。她28歲的時候，與在當一個公務員的男友結了婚，搬進了靠兩人的積蓄和雙方父母資助買的新房子。

琳婚後的生活過得不濃不淡，她和老公都算是知識份子，習慣於靠理論或

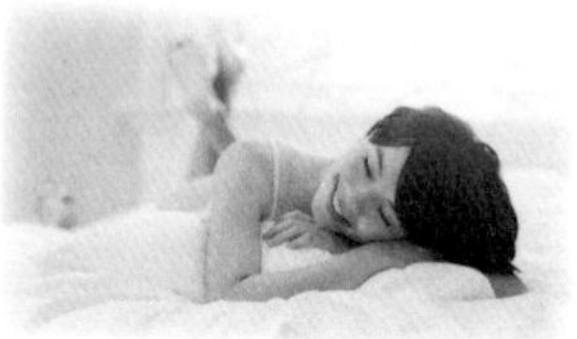

者沉默解決兩人的分歧，在平常的生活裡，摔盤子打碗的吵鬧雖不曾有，可誰也不搭理誰的冷戰卻時有發生。琳總覺得自己的生活缺了點什麼，一天午休時，她把自己的煩惱講給同事蘇老師聽。

蘇老師是個40多歲的成熟女子，現在依然風韻十足。她聽了琳的訴苦，笑道：「琳，妳哪兒都好，就是太倔強了，凡事絕不回頭。這本是妳的優點，可對老公也總是一副一是一、二是二的正經臉孔，時間久了，也要防止他『審美疲勞』啊！男人嘛，女人不向他撒嬌使性，他們心裡還真不舒服。」

這話，提醒了琳，她想：是不是自己在家裡的「表現」，真的出問題了？

一天，因為琳把家裡決定要買股票的錢，換成了一份儲蓄性質的人壽保險，老公和她發生了爭執。依著琳一向的性格，她肯定要堅持自己的看法，有理有據地跟老公講道理。但這次她一反常態，摟著老公的脖子說：「我都簽好單子了，你就別生氣了嘛？下次聽你的好不好？」雖然不像那些慣於撒嬌的小女人表現得那麼輕車熟路，但是已經順利地感化了老公，他的眼睛裡，閃著一層久違的亮光。

琳找到了做一個受嬌寵的女人的美好感覺，她決定開始畢業之後的另一次重要學習，把撒嬌進行到底。

別看男人們在事業中一路拼殺勇猛無比，不過在感情上他們也有著單純的一面，柔弱嬌媚的女人最能滿足他們的大男人心理，此時的他們自覺是頂天立地的英雄，保護與憐愛之心也空前高漲。

其實，撒嬌和尊嚴沒有關係，但是卻和能力沾得上邊。看那些在家庭和職場中，都順風順水的女人，她們都非常懂得身為女人的力量。男人需要一個女人在自己的面前撒一下嬌，而女人也需要有一個男人可以撒個嬌，這是天經地義的事。

有的女人就是看透了這件事情，所以她們就不繼續扛著了，賞他個臉，自己也樂得放鬆一下。要知道，幾乎沒有一個男人可以抗拒女人的撒嬌，不管一個女人的年齡有多大，有時候任性或者「賴皮」一下，就可以增加感情的「蜜」度。

在我們慢慢歸於平淡的婚姻生活裡，老婆適當地撒撒嬌，是一種甜蜜的調劑。那些能把嬌撒得可愛而不矯情的女人，會讓老公和自己永遠都沉浸在一種戀愛的感

覺裡。會撒嬌的女人，在男人眼裡總是特別有女人味，舉手投足之間，總會讓男人為之心醉神迷。

不要擔心自己不會撒嬌，因為它是女人天生的武器，無須刻意去學，只要我們扔掉心裡的包袱，將自己定位於一個需要寵愛的女人，自然就會喚醒老公心底的柔情。接下來，在愛情的滋潤下，妳的表現也會越來越出色。

2．會嗲的女人，平凡也風情萬種

嗲是一種方言詞，是一種形容撒嬌的聲音和姿態。幾乎所有的男人都喜歡發嗲的女人，也幾乎沒有一個會發嗲的女人在男人面前不受寵的。發嗲的女人，是因為知道自己的性別優勢，會嗲的女人，是為了讓男人知道女人的風情萬種。發嗲，包括了一個女人的嬌媚、溫柔、情趣、談吐、姿態等等，是一系列顯示女性柔弱嬌媚的魅力的舉止。

自古以來，女人一嗲，男人的骨頭就軟了，嗲女人容易被寵、被憐、被愛。女人一發嗲，要求男人做什麼事、幹什麼活、買什麼東西，男人除了乖乖照辦，還能有什麼反抗餘地。女人不用吵、不用鬧，不用嘮嘮叨叨，也不必發號施令，只是在男人面前會發嗲，一切都會可著自己的心意來。會嗲的女人少生氣，會嗲的女人少發愁，會嗲的女人整天都會活得開開心心、融融樂樂，眼角的皺紋自然不會天天向妳抗議。

物質時代，給女人們的撒嬌提供了無限的空間。曾經看過一個大型餐廳做的戶外佈景廣告，大標題赫赫曰——「人家就是喜歡嘛！」看來這種軟玉溫香的味道，在哪裡都是戰無不勝的，男女老幼，統統抵擋不住。

撒嬌發嗲，既可以給女人帶來無數的好處，又有大受歡迎的廣闊市場，再不加強這方面的修煉，妳就落伍啦！

很多女人認為，撒嬌就是將聲音拉高八度，然後把尾音拖得長長的，其實這種看法是不完全正確的。撒嬌要撒得好也是一門大學問，在面對不同的場合時，得有不同的技巧及方法，還得根據現場的情況把握好分寸。

臺灣國語被公認為最適合撒嬌，「真的哩！」「好好哦……」「人家……粉喜

歡嘛！」諸如此類嗲味十足的語彙，有些人聽來覺得矯情肉麻，可是在有情人的耳朵裡，卻是分外甜蜜。名模林志玲就將這點發揮得淋漓盡致，漂亮的臉蛋、清脆的娃娃聲、嬌羞的表情，配合在一起，彷彿時時處處都在撒嬌……

這裡的「嗲」也是「好」的同義語，這種嗲文化薰陶下的美女，大都表現得含蓄委婉、纏綿悱惻。不過有時候「嗲」也是可以外露的，尤其是在有外人在場的時候，女人的「嗲」，為了讓外人知道她多麼愛自己的男人，也為了抓住機會表現自己的風情。

嗲不需要長篇大論，通常只要一兩個簡單的語氣詞就行了，例如「咦、呵、喲、嘻……」說的時候再配合肢體的動作，身體要放軟，聲音要放輕，不能有做作的痕跡。

發嗲一直是女人的特權，它雖顯得小女人些，但也是很可愛的一面。嗲有時比靜態的容貌更重要，一個語速平穩、語音硬朗的美麗女人的吸引力，往往比不過一個嗲聲嗲氣、相貌平平的女人。

女性的嬌嗲，重點在結尾的語氣助詞上，「人家就是不知道嘛……」或「我喜歡這個，還要那個，人家就是要你買給我嘛！」或「好啦，人家以後會乖乖的，不再使小性子啦……」在如此的嬌聲膩語面前，還有哪個男人不乖乖就範？不過，凡事都有個「度」，嗲過頭了，反而會讓人覺得太肉麻了，這樣就會弄巧成拙……

3．喜歡受寵的女人，男人會更寵她

一個女人，當她成為一個男人的妻子，她的作用不僅僅是為男人生兒育女、操持家務，還要有愛的能力，讓男人心甘情願愛妳的能力。如果妳只一味地為他默默付出，他卻未必領情或感激。

因為，男人需要的是一個能激起他征服欲、佔有欲的女人。

世界上有很多讓人歎息的女人，從來意識不到自己應該扮演的是一個什麼樣的角色。對於老公，她只知道對他好，只知道對他無怨無悔地付出，不會愛，也不懂愛，像白開水一樣乏味，到頭來，只能讓男人在一成不變的生活中，心生疲憊。

在這種乾巴巴的女人裡，有人是天生ＥＱ太低，又受出身的教養所限，對於男

女之愛，缺乏表達和接受的感應力。但是有很大一部分女人，也意識到了自己的癥結所在，只是不知道從哪裡入手，來喚醒老公的柔情。

男人愛一個女人，除了她本身具備的種種可愛的素質之外，更重要的一條，是她懂得向男人撒嬌、示愛，時時都要表達她對愛情的需要。當看到一個小女人對自己的臂膀如此依戀的時候，男人們都會表現得很溫柔、很豪氣，並在不知不覺中，變成她的俘虜。

小女人想嫵媚就嫵媚，想撒嬌就撒嬌。稍不如意，悲從中來，眼淚排山倒海奔湧而出，轉身又會在男人的懷中破涕為笑，小女人是好哄的女人。

小女人可以為了漂亮的窗戶加一個暖色調的窗簾（或自黏貼紙）而翻遍購物指南，千挑萬選一個可愛的圖案，興沖沖地跑到街上買來，然後再迫不及待地掛起來，拽著老公的衣袖讓他欣賞。小女人的笑容甜美萬分，叫人難以拒絕她的請求。

小女人在梳妝之後，可以以每天N次的頻率問老公：「妳說我好看嗎？」直到他很識趣地說出——「妳是美女」，以求封住她的嘴。

小女人可以伶牙俐齒，也可以用語誇張，但是要注意點到為止，絕不讓對方有受傷的感覺。

小女人很敏感，她絕對不會和男人分吃一顆梨。她每吃過一樣水果就會把種子收起來。嘴裡喃喃地說——到了春天，我就把你種下。老公，你給它澆水哦！

小女人傻傻的，面對愛人的一個笑臉，一聲甜蜜的寶貝，一個壞壞的表情，甚至一聲威脅的輕哼，小女人也會傻笑一天。

小女人的一言一行，都向老公傳遞著這樣一個資訊：親愛的，我需要你的愛情，享受你的愛情。男人的心同樣也是敏感的，當他們知道自己的呵護有人無限欣賞和期待時，更濃烈的熱情也會被調動起來。

4.「閨蜜」不怕多，建立自己的社交圈

當一個女人以溫柔大方的妻子形象站在丈夫身邊，陪他一起打天下的時候，她可能會忽略了自己的朋友圈子。如果在他的世界裡，燈紅酒綠，人來人往，一回頭，自己卻孤單寂寞，冷冷清清，這種反差，絕對於女性的身心發展相當不利。

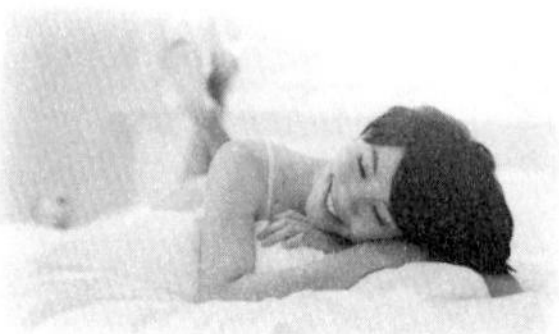

無論對任何人，付出的底線，是不丟掉自己的生活。

在女人漫長的一生中，一定要擁有幾個親如姐妹的好友，這種朋友，有一個溫暖的名字，叫「閨蜜」。哪怕她歷經鉛華、子孫滿堂，都不會妨礙她同自己密友的交往。

大凡這種稱得上密友級別的，總是擁有共同生活的記憶，童年或讀書時的同學、鄰居是最佳的人選，因為有足夠長的時間來了解彼此。知道了對方的人品、性情，日久見人心，就有了信任的理由。她是妳的知音，有時，甚至比妳更了解妳自己。這樣的密友，是妳一生的影子，自己走得再遠，回頭一望，她還在妳的身旁。是她的善良、溫存、理性、聰明，讓人願意與她共同分享一個祕密，在分享的同時，得到理解、智慧、勇氣；甚至有時，就當對方是一面鏡子，一邊說，一邊已將自己看得清清楚楚。

當家庭、孩子、工作差不多要淹沒一個女人的全部生命時，尋找精神的自我，就會成為女人的內在需求。

在妳的同性朋友面前，妳可以毫無顧忌地顯露一下隱藏多時的八婆本色。有時候女人在一起所講的，其實都是想講給男人聽又說不出口，說出口男人也未必用心聽的話。在她們心裡，男人是至愛，同時常常也是一個「智障的聽眾」。

比如《慾望城市》中的四個女人，在全球觀眾面前談性、表演性、咒罵性、享受性，但只有在無數次成功的性經驗與失敗的性體驗之後，只有在四個敏感、脆弱、獨立的女性坐在一起的時候，我們才能感受到女人之於女人那真實、放鬆的一面。不用擔心絲襪脫線、擔心自己的誘惑力不夠，不用懷疑自己不夠完美，沒有男人的約會。女人不僅可以暫且擺脫因男人而起的虛榮或嫉妒，而越來越會欣賞同性，同時在自由自在的氛圍中，也會有難得的靈感閃現。

女性友誼有助於健康。美國心理學家凱瑞．米勒博士，在一次調查報告中公布，對87%的已婚女人和95%的單身女人說，她們認為同性朋友之間的情誼，是生命中最快樂、最滿足的部分，為她們帶來了一種無形的支援力。

這種親密的關係，作為一種預防性措施，一種對於免疫系統的支援，能夠降低疾病對妳的威脅，無論是頭疼腦熱還是心臟疾病，以及各種嚴重的身體失調等，也就是說，一個人要保持身體健康，不僅需要鍛鍊身體和正確飲食，同時也更需要加

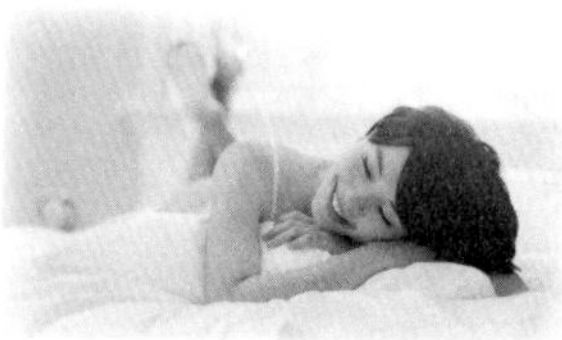

強對友誼的維護。由於女人和同性之間的溝通更開放、自然，並且能夠給予對方同等的回饋，所以這種親密關係，更容易在女人和女人之間產生。

中年女性是家庭事業中最忙碌的一族，然而許多中年女性再忙也不會放棄每月一次的聚會，這是目前許多中年女性最熱中的事情。

梅是某進出口公司的職員，十多年前就讀大專時的一批女同學，如今都在各家公司上班，一年前學校舉行校慶時大家曾在一起商議，以後每個月聚一次會，由各位女同學輪流坐莊。自那以後除了暑假暫停外，每個月都相聚一堂，大家既交流各自工作的體會，又暢談社會、家庭的變化。這種聚會成了各位中年女士最為喜歡的一件事。

成熟女性平時的工作、生活、學習都比較緊張，她們需要有一種較為輕鬆的休閒活動，於是許多中年女性便選擇了聚會這種形式，有老同學間的聚會、有老同事間的聚會等等。她們不拘形式，只希望通過聚會來放鬆放鬆，同時也能相互交流資訊，促進了解。

女人之間的友誼也要接受生活的檢驗，畢業的分離、工作的變遷、結婚生子之類，常常讓幾個朋友有種大浪淘沙之感，可一旦這種友誼被保留下來，則讓人有種歷久彌新的感覺。

把老公當圓心圍著他轉，才能給他最多的愛？不，女人應擁有正常的社交生活，可以凸顯更完整的自己，時常給老公一種新鮮感；同時，她在自己的朋友圈子裡，培養出來的時尚、機智、落落大方的風度，有助於在社交場合，更出色地扮演好老婆的角色。

5.「紅顏知己」只是一種謊言

在每個女人的青春年華裡，大都有一種關於「紅顏知己」的情緒。在與男性的關係中，做情人太膩，做老婆太俗，而「紅顏知己」則是男人心底裡的一朵花，天長地久，永不凋謝。

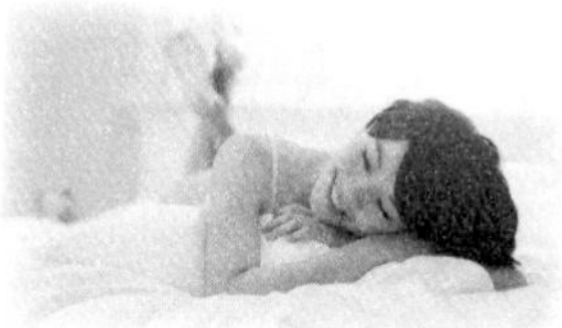

青春少女做做夢，本也無傷大雅，要命的是，有些成年女性也執迷不悟，愛上這種介於友誼和愛情之間的遊戲。

可妳真的知曉所謂「紅顏知己」的真實面目嗎？

現代有人如此界定「紅顏知己」——

「做紅顏知己最重要的是恪守界限。給他適可而止的關照，但不給他深情，不給他感到妳會愛上他的威脅，也不讓他產生愛上妳的衝動與熱情，這是做紅顏知己的技巧……紅顏知己全是些絕頂智慧的女孩，她們心裡最明白：一個女人要想在男人的生命裡永恆，要麼做他的母親，要麼做他永遠也得不到的紅顏知己，懂他，但就是不屬於他……」

真正絕頂聰慧的女子，恐怕永遠不會去做這樣的紅顏知己吧？多累！

聰明的女人生命中不乏各種異性，在親情、愛情之外，她也懂得培養與異性之間的友情，可以約在一起聊聊天，互訴生活中的煩惱事，但卻拒絕做別人的「紅顏知己」。她明白，知己是個很危險的關係，就像是懸崖邊的舞蹈，稍微向前一步，就會玩火自焚、粉身碎骨。

不管人們如何為紅顏知己辯護，她的身分始終不尷不尬：她與妻子不同，妻子能夠理直氣壯地擁有整個男人，相依相伴一生；她也與情人不同，男人與情人彼此需要，合則聚不合則分。

而紅顏知己，扮演的始終是個編外、替補，她恪守自己的本分，不能相守也不可相伴，在男人需要傾訴而又不好向妻子、情人傾訴的時候，她帶著盈盈的微笑，耐心聆聽，做他煩惱的垃圾桶。她的蘭心蕙質，她的溫言軟語，只是他煩惱時的救命稻草，而所有的快樂與幸福，都會與妻子、情人分享，紅顏知己是最了解他的旁觀者，永遠也不能介入他的生活。相對妻子得到的永恆溫馨、情人得到的瞬間燦爛，紅顏知己獲得的只是一份——虛無的榮耀。

所以說，所謂的紅顏知己，只不過是男人最美麗的謊言，也是女人對自己最美麗的欺騙。

另外有種女人，會完全的無限期的付出，不能求任何回報的奉獻，聰明的女人

絕不會如此為難自己，把生命裡的一部分交付給一個不相干的男人。明知是個無底洞，還一廂情願地往裡面跳，這樣的女人是笨女人，這樣的紅顏知己，不做也罷！

有如此的情懷，還不如一心一意地用來經營自己的家庭，收穫實實在在的幸福。女人，要的是被愛和細心的呵護，切莫為了「紅顏知己」的虛名而貽誤終生。

第6章

女人要學會減壓生活

女性在社會中經常是身兼數種角色於一身，既要工作出色，又要照顧好家庭；社會習慣只會要求女性，但在需要關注她們的時候，卻忽略了她們面臨的較大心理壓力。

1．別讓壓力超過自己的承受底限

壓力不僅會殘害了我們的身體，更會殘害了我們的心靈，讓我們無法正常地工作和生活，因此，如果我們想要過上更美好的日子，就必須先給自己減減壓。

作為女人，事業、家庭、小孩這每一項都可能讓我們喘不過氣來，但是我們不要忽略：我們承受壓力的能力是有臨界點的，一旦超過臨界點，自己就很可能被壓垮。因此，當面對過多負荷不了的壓力時，我們應該懂得分散轉移，而不是一味地忍受。

1．找個知心朋友

在這裡所講的知心朋友，是指那些能為妳保守祕密的朋友。其實這點是非常重要的。專家說：「這樣的知心朋友，不但可以幫妳守住祕密，而且他們也知道要尊重妳的隱私。」

2．學會傾訴

如果妳把妳的壓力和困擾告訴朋友，可以讓妳覺得舒服些的話，這未嘗不是個好方法。把妳的壓力說出來，也許妳會覺得舒服很多。那麼妳也可以找一些自己信任的朋友，一起出去喝喝咖啡，把妳的困擾告訴他們。記住了，千萬別過度強調妳的壓力，因為這樣做，妳和朋友們都只會更加壓抑。

3．壓力大時不要做太多工作

女性在壓力大的時候，還是會裝出女強人的架勢，接很多的工作和任務，但是往往就是這個時候，她們會忘了顧及自己。這些情況都是應該避免的。當妳的壓力很大時，一定要記得把自己放在第一位，先考慮自己的情況，再去想其他的東西。

4．懂得給自己更好的待遇

這個時候，妳應該要加倍呵護自己。壓力大的時候，妳可以泡個熱水澡，去散散步，和朋友去逛街或者安靜下來看些書。只要妳喜歡，妳可以做任何讓自己開心的事情。

2．適合女性的減壓法

1．工作時「嚼口香糖」，減壓「酷招」

通過咀嚼口香糖舒緩緊張的情緒。腦電圖技術表明，咀嚼口香糖可引起α腦波增強，會使情緒狀態相對放鬆。在美國進行的一項調查中，56％的被調查者同意——「咀嚼口香糖幫助我克服日常緊張情緒」的說法。有些公司還有紓解壓力的休息室，身心疲累的人們可以在此「偷得浮生一刻閑」，接受專業人員的簡單按摩從而放鬆緊張情緒；還有「打地鼠」、壓力發洩機等小強度的遊戲，也可讓人宣洩一下壓抑的心情；還設置了「減壓牆」，大家可以將煩惱寫出來貼到牆上，不管是罵主管或批評老闆，都可在此「告諸天下」，從而幫助釋放焦慮和緊張情緒。

這種減壓方法簡單、經濟，可以隨時隨地幫助舒緩緊張情緒。

2·美女崇尚「暴力健身」

美女＋時尚＋武打，這些通常只在《霹靂嬌娃》等美女動作影片中，才能出現的場面，如今已悄然在眾多體藝館、健身房中精彩「上演」——時尚美女們的目的在於強身健體和磨礪意志，而她們習慣把這種過程叫做「暴力健身」。

在大陸重慶的許多跆拳道館裡到處可見青春美女的身影。

「跆拳道會館開辦兩年來，唱主角的竟然是一大群年齡在16～28歲的妙齡女，一度讓我和男教練們始料未及。」一所跆拳道館的負責人說，許多女孩子以此作為減肥健身的手段，同時把跆拳道看成是磨礪意志、振奮精神、宣洩壓力的途徑。

「跆拳道講究禮儀廉恥、忍耐克己和百折不屈，目的在於健體防身。」在保險公司幹行銷工作的跆拳道學員王小姐直言，職場壓力大，沒有堅強的意志和強健的身體，很難頂住各方面的壓力。而練習跆拳道讓她的意志和體質，得到了增強。

對於女性而言，相對於一般的運動，「暴力健身」的減肥效果更明顯，強勁有力的揮拳擺腿和吶喊，既能幫助健身者快速減掉全身腰、腹、大腿、手臂、肩背等各處多餘的脂肪，又對促進心血管健康有所幫助，還可適當緩解和釋放身心壓力，比較適合現代人。

3．異域SPA，風情減壓

由於現在的工作節奏加快，很多人壓力大，休息品質下降，身體乏力，此時，那些融入了古醫學、古法養生學的SPA專案，能夠有效地解除妳的壓力困擾。比如泰國古式草球SPA、印度阿育吠陀滴油SPA。

如果妳最近工作壓力大，易失眠，或者是睡眠品質差，白天感覺身體困乏無力，此時最好選擇印度阿育吠陀滴油SPA，它是把印度古法養生學的理念應用於身體護理的一種自然療法。所有的精油都是根據個人的身體狀態現場配置的，再把調配好的精油放入特製的印度傳統木質滴油器中，讓溫熱的油忽慢忽快地滴在人的第六能量中心（即前額眉心，印度人稱為第三隻眼）。

據說，對第三隻眼的觸動，能夠激發人的冥覺，引導人的身體徹底放鬆。特有

的印度音樂空靈超脫，將人的思緒帶入冥想狀態。在做完這個SPA以後，妳會感覺之後的許多天裡睡眠特別沉實，白天的乏力感也不那麼強烈了。

3．辦公室擺脫困倦的方法

妳終於從擁擠的公車、班車或捷運脫身，來到自己舒適、恒溫的辦公室中，可以鬆一口氣，做每日的工作了。可是常常在工作時，一陣倦意襲來……無論如何，在辦公室不能「昏迷」，必須保持清醒。

1．利用茶和咖啡

昏頭昏腦時，最簡單的辦法便是給自己泡一杯濃茶或者咖啡，這些飲料提神醒腦，從古至今都很有效。同時，從起身洗杯子到飲水機旁倒水，整個動作過程，都會給妳帶來片刻的清醒。趁這段清醒的時刻，趕緊投入妳的工作，但要注意的是茶杯不要亂放，否則一走神，灑得鋪天蓋地，妳倒是真的要被嚇醒了。

2．聞香味

美好的氣味也有清醒頭腦的作用。時常在辦公室的桌上放一些清新怡人的香氛飾品或者乾花，不僅使單調的辦公環境得到點綴，也會讓妳不再昏昏欲睡。在精神不振的時候，聞一下，立刻覺得恍若置身於美麗的大自然中，閉上眼睛，辦公室裡的乏悶便消失得無影無蹤。心情舒暢了，精神自然也會煥發起來。（目前西藥房也有出售薄荷吸鼻器，也很管用。）

3．做運動

有人說生命在於運動，又有人反駁說生命在於靜止，其實絕對的運動或靜止都不妥。辦公室中三分動七分靜最適宜。可針對辦公地點的特點因地制宜編一些操，運動僵硬的頸脖和四肢，身體得到適度的活動之後便會有微微的興奮感，頭腦也會隨之清醒不少。如果想更舒暢地伸展身體而又不便在狹小的辦公室展開，可試著邊上下樓梯，邊甩手等動作。只是千萬別練得興起，忘了辦公室中也許還有個急匆匆

的客戶在等妳。

4．調溫度

現代的辦公條件，中央空調總是將冬日的辦公室變得如春天一般的溫暖。本來嘛，「春眠不覺曉」，這樣的溫度人是舒服了，卻免不了昏昏欲睡。唯一的辦法是降溫，開窗透氣，外來的新鮮空氣可能一下子會給妳注入精神和活力。當然，也許有些怕冷的同事會抱怨，但是沒關係，頭腦一涼就清醒多了，跟他講道理也會更有說服力，而更主要的是妳已經成功度過了「瞌睡危險期」。

5．嚼薄荷糖

吃一片口香糖或者薄荷糖，無疑也有助於提神醒腦，當然最好是挑選無糖型而且口味特別強烈的那種。中午飯後，遇上同事都在，不妨每人發一片。嚼著嚼著，不光提神，還優化了口氣，使每個人不再有中午吃的雞鴨魚肉蒜的氣味。口氣清新，也有助於改善人際關係，喜歡與妳聊天的人多起來，多說說話，自然也就不會想到去犯睏。不過，吃口香糖得注意環保，將吃完的口香糖用紙包著棄置於垃圾筒內。最忌諱的是把它黏在辦公室裡的桌子底下。

6．去洗手間

洗手間是個好地方，絕對隱私。如果妳實在克制不住地犯睏，也沒有別的辦法可以止住，倒不如索性去洗手間。坐在裡面打個5分鐘的小盹，沒有人會怪妳瀆職。同時，在進入辦公室之前，妳可以對著鏡子梳洗一下。如果妝不是很濃，也不妨用涼水沖洗臉頰，同時做一些輕度的面部按摩，既有助於臉部的皮膚保養，也可以使自己更加清醒，而且妳會驚奇地發現周圍的人都說妳精神好多了。

7．想心事

這不算開小差，手頭工作告一段落，可以在電腦前裝模作樣，回憶一些刻骨銘心的快樂，或悲傷的事，也許是開心，也許會難過，但無論如何，妳不會犯睏了。關鍵的一點，妳千萬不可以沉浸其中，儘量不要去想那些煩心勞神的事，不然豈不

是——「剛出狼穴，又入虎口？」同時要注意的是，不要讓別人發現妳變幻的表情，否則妳的精神就會受到懷疑。

8．打電話

打私人電話本來並不允許，但其實這是辦公室中屢禁不止的事，每間辦公室裡都會有人拿著電話，聲音越來越小。所以掌握好時機和技巧，找幾個自己喜歡的朋友用ＬＩＮＥ或微信聊聊天。只是時間不宜過長，待到睏勁一過，就得馬上加倍努力幹活。記住，在辦公室裡煲電話、發信息是第一大忌。

9．找經理

找經理，當然不是要妳向他報告妳犯睏了。如果妳和經理（最好又是那些不大不小的經理）的位置比較近，他對妳構不成什麼威脅，妳也不是很怕他，那麼就不妨抓一些無傷大雅的事去「煩」他一下，比如向他問個客戶什麼的。要去見經理的人總是會振作精神，不會委靡不振，也許不知不覺中妳的精神狀態，就變好了。

10・去聊天

精神不好的時候，可以就近在辦公室裡找個人說說話。但是，說話聊天也許會給妳帶來負面的作用，所以找誰聊，怎麼聊，而且又要有助於提神，成為問題的關鍵。除了找經理，還可以找妳在辦公室裡比較有好感的一位異性，問一些有關的工作事務，既無傷面子，又讓別人抓不住工作偷懶的把柄。眾所皆知，在一個有好感的異性面前，妳總是會不自覺地打起精神。

其實，犯睏只是一個信號。若並非是一些特殊的原因，比如熬夜、加班或者較大的情緒波動，和健康原因所致，那麼，妳應該反省一下自己是否喜歡這份工作。如果是，那麼投入地工作一定會使妳精神煥發的。反之，妳要考慮更重大的問題——換工作了。

4．記得定時給身體解壓

女人寵愛自己就是給自己解除壓力。給自己修修指甲、享受一頓美食、改變一次髮型等都會有意想不到的效果。不論何時，提醒自己做一個長長的深呼吸是一個快速的「美麗祕訣」。告誡自己把事情看得開一些，把那些不必要的壓力阻擋在身體之外。阻擋壓力總比釋放壓力來得輕鬆，壓力很多時候是通過眼睛傳輸到腦海的，因此很多時候，我們不妨「閉著眼睛」生活，學會將壓力拋棄在辦公室和家之間的路上，任它隨風飄散；學會哭泣，眼淚是沖洗壓力的一種媒介。

有句話概括得很好：這個世界有太多的欲望，也就有了太多的欲望滿足不了的痛苦。因為有欲望，所以有壓力，無論這些欲望是一種身體上的欲望還是精神上的、心靈上的欲望，都會讓自己的身體背上沉重的負擔。

那麼，什麼樣的症狀表明該給自己的身體減壓了呢？換句話說，壓力到底是一種什麼樣的表現呢？很簡單，心跳加快、出汗增多，經常性口乾、發苦，手腳發涼，食欲不振，失眠或者是睡眠品質不佳等，都是壓力大的表現。從這些症狀看，每一條都會影響人們的正常生活。解決這些麻煩的唯一辦法，就是給自己的身體釋放壓力，還自己的身體一個輕鬆、美好的心態。

釋放身體的壓力有很多種方法，我們可以根據自己生活習慣的不同進行自由選擇，如散步、旅遊、和朋友聚會、和家人聊天……無論是以什麼樣的方式來釋放自己的壓力，最終的目的都是讓自己變得身心愉快，以一種更加飽滿的心態，加入到生活工作中去。

這麼多釋放壓力的途徑，可以歸結為三類：

一、自我消化，二、借助於別人的力量消化，三、忘卻。

自我消化就是通過自己的力量將身體的壓力釋放出去，包括散步、寫日記、鍛鍊身體等。這是一種靜修的方式，在自己感到緊張和心煩意亂的時候尤其適合用這種方式，因為它給予我們的是一種深度的寧靜，讓自己處在一種更加冷靜、更加理智的狀態中，來處理心中的煩惱。這樣就會讓壓力在心中慢慢融化，然後隨著一次微笑灰飛煙滅。隨著明天的朝陽，帶著新鮮的心情，重新開始一天的生活。

很多時候，冥想打坐並不是一種釋放壓力的好方法，如受委屈或者是經受挫折打擊的時候，心裡越想可能會越覺煩亂。這個時候，就需要借助於別人的力量，來消化這種壓力了。如陪朋友出去走走，陪家人說說心裡話。將心中的煩惱、苦悶、委屈一古腦地傾倒出來，甚至還可以在朋友和家人面前，痛痛快快地哭上一場，在眼淚流乾的那一刻，妳也就明白了什麼叫生活，什麼叫委屈，什麼叫煩惱。生活中的一切不順利僅僅是生活給予我們的一些色彩而已，如果我們做不到高興地接受，就儘量平靜地對待吧！

當然最好還是能忘卻壓力，不要讓壓力在腦海裡停留，這樣壓力也就不會羈留下來，讓我們難以消化。忘卻壓力說難也不難，只是需要借助其他的東西。如很多人在心裡煩悶的時候，往往會選擇旅遊、各種運動、看書或看電影、電視。當妳全身心地投入到這些事情中的時候，所有的煩惱、所有的壓力都將被拋到九霄雲外了，那個時候妳可能只關注身邊的美景、身體的疲憊或者是精彩的電視節目、鄉村清新的空氣和美麗的田野。

很多人都曾經嘗試過這種方法，可是在回到家或者辦公室的時候，以前的壓力還是會回來。這就是這些人自己的問題了，好不容易把壓力拋開，最後卻又辛苦地把它找回。忘卻壓力之後的妳是一個全新的妳，那麼身邊的一切在妳眼裡也必然是全新的一切，又何必翻出原來的壓力呢？通俗一點說過去的事情也就過去了，何必再次拿出來咀嚼呢？

其實，給自己的身體解壓還有一種非常有效的方法就是「深呼吸」。深呼吸對於排解心中的壓力是非常有效的，如果妳感到緊張，那麼就試著進行深呼吸，讓空氣使妳變得平靜下來，讓空氣帶走藏在妳心中的緊張，帶走身體的壓力。

第7章

失敗只是一種過程

其實，成功和失敗在同一軌跡上，成功和失敗是一對孿生兄弟，總是相伴而生。女人，要想在人生中活得神采奕奕，必須學會逆風飛揚。

1．失敗也是妳的財富

沒有失敗，就無所謂的成功，關鍵是看我們對於失敗的態度，而生活就是要面對失敗和挫折。當妳一蹶不振而悲觀失望時，切記失敗是成功之母，幾次碰壁也算不了什麼，人生後邊的路還很長很長。

人生歷程不可能一帆風順，難免要遇到各種各樣的失敗和挫折，而失敗並不可怕，它能激勵我們獲取想要的成功，它能帶領我們獲取想要的財富。

據說，美國前總統尼克森因「水門事件」下臺後，當年有個老先生曾對他說：「不管你是已經被打倒，還是快要支持不住了，請你時時刻刻不要忘記，生活就是99個回合。」這話使他決心拋棄以前的不幸，重新邁向了新的成功。如果當年尼克森就此消沉下去，那麼會有他後來對世界產生的那麼大的影響嗎？會有他那麼多頗具建樹的著作問世嗎？

失敗並不可怕，可怕的是不去思索，不去回味。只要妳冷靜地去分析失敗的癥

結，找出自己的弱點，制定出切實可行的改進措施，為鋪造下次成功的道路打下基礎，並認識自己，相信自己，樹立起勇氣，重振雄風，成功是會向妳招手的。

成功是一種輝煌，在妳失敗時，可能會引起別人的冷嘲熱諷或挖苦揶揄，但只要堅信妳自己的追求是光明的、進步的，就讓那些流言蜚語隨風而去，正如但丁所說：「走自己的路，讓人家去說吧！」

人生，應該像追求成功一樣去面對失敗，不要為昨天的失敗而追悔莫及，不要為明天能否成功而憂心忡忡。或許有一天，妳驀然回首，發現成功原本也只不過是一個一跨即可過的欄杆時，是因為妳早已超越失敗。而當妳正春風得意，一帆風順、勢如破竹時，也別得意，幾次勝利並不可靠，生活就是要不斷面對新的挑戰。

人生的路途，有挫折、失敗、歡樂、成功，這些本身就是豐富多彩人生的組合元素。曾有位哲人說過：「失敗留給你的一切，請細加回味，失敗一經過去，成功即可到來！」朋友們，不要陶醉於成功的降臨，也別屈從於失敗的侵襲；成功時多點警醒，失敗時多點從容，真誠地面對人生吧！每一天清晨都是晨鐘乍響，征馬長嘶，曉風振衣，風帆輕揚的景象，無論妳是成功或是失敗。

在美國曾有人做過一個有趣的調查，發現在所有的企業家中平均都有三次破產的紀錄。即使是頂尖的一流選手，失敗的次數也絲毫不比成功的次數「遜色」。

其實，失敗並不可恥，一生不敗才是反常呢！重要的是面對失敗的態度，是能反敗為勝，還是就此一蹶不振？

世間最容易的事是堅持，最難的事也是堅持。說它容易，是因為只要願意做，人人都能做得到；說它難，是因為真正能做到的，終究只是少數人。成功在於堅持，這是一個並不神祕的祕訣。

2．化失敗為動力的方法

一、客觀而誠懇地審視周圍的環境，不要將自己的失敗歸咎於別人，而是應多從自己的身上尋找問題之所在。

二、認真分析失敗的過程和原因，重新擬定自己的計畫，並採取必要的措施，改正以前的錯誤。

三、在重新嘗試以前，要有足夠的信心，妳可先想像一下，自己圓滿地處理工作，或妥善地應付客戶的情景。

四、把那些失敗的記憶統統埋藏，千萬別讓自己的自信心再受到它的影響，記住它們，讓它們變成妳未來成功的肥料。

五、做好上面的這些準備後，妳就可以重新出發了。在這個過程中，妳可能要多次使用這種方法，才能最終達到妳的目標，我們不必為之氣餒，因為每一次嘗試都可以讓妳多一次收穫，並向目標更進一步。

3．勇於承認錯誤，才能超越錯誤

麗出門辦事，上司催她快點回來，說部門要開個會。可麗上了計程車後，路上堵得動彈不得。上司讓她3點之前回到辦公室，結果到了4點，麗才慌慌張張地跑回來。一進辦公室，上司就對她大發雷霆，質問她為什麼這麼晚才回來，影響大家開會。麗本來在計程車裡已經憋了一肚子火，現在上司不僅不體諒，反而朝自己發火，於是她委屈地跟上司頂撞了起來。聽到吵架聲，大老闆過來了，於是，剛進公司才幾個月的麗，就被大老闆當眾炒了魷魚！

麗的上司該不該體諒她呢？也許上司應該體諒一下。但是，如果麗一進門就說句——「對不起」，先主動道歉，那結果可能就是另一種情形了。

說聲「對不起」，妳就海闊天空。它並不代表妳真的犯了什麼大不了的錯誤，或者做了什麼傷天害理的壞事，「對不起」只是一種軟化劑，使你們雙方都有後退的餘地，為下一步的交流溝通創造條件。

其實誰能保證自己不犯錯誤呢？問題是做了錯事，要勇於認錯，說句軟話，沒什麼大不了的，令上司聽了心裡舒服，妳又得到了諒解，有什麼不可呢？不管是不是有意，出了錯，馬上道歉，這是一種對所做錯事的消毒，可以消除對方的不愉快和尷尬。可以化解對方心頭的不滿，讓兩人的心情豁然開朗，重新一起面對工作的挑戰！

犯錯之後想極力掩飾是人的本能，每個人都會有這種心態，但作為職場新人，

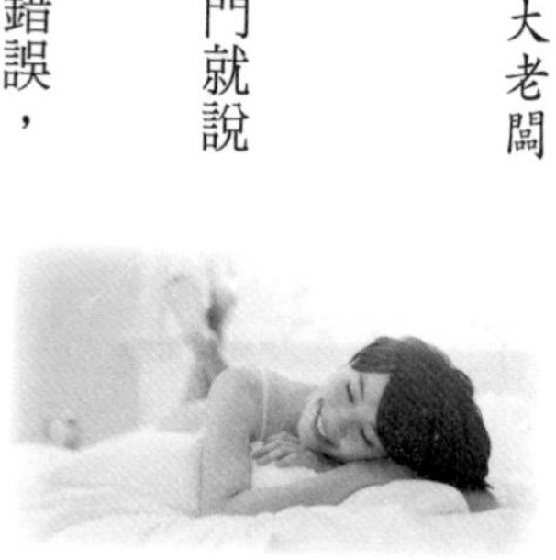

妳不能用「我沒有經驗」或「我不清楚」作為藉口來寬容自己。勇於承擔錯誤，是職場成功的前提之一，即使妳犯的錯誤微不足道，如果妳想逃避的話，它也會成為妳工作中無法逾越的鴻溝，讓妳不能從錯誤中吸取教訓，從而阻礙妳的成長。

如果妳推卸責任，硬要堅持，不肯承認自己有過失，反過來還要倒打一耙，把錯誤推在別人身上，那麼，妳就等於把自己塞進了牛角尖。其實，在工作上誰都會有一些失誤，對於職場新人來說，更是如此。

問題的關鍵不在於妳犯不犯錯誤，而在於妳對待犯錯誤的態度。出了差錯，就要有一顆認錯的心，態度謙和，誰還會固執地揪住妳的小辮緊緊不放呢？如果只會一味地抱怨別人，不肯從自己的身上找原因，上司一定會覺得妳固執己見、頑固不化，也定會引起同事的不滿，下次需要合作的時候，誰也不願意配合妳。在辦公室中保持融洽的工作氛圍非常重要，如果妳一旦被周圍的人孤立起來，找不到志同道合的合作夥伴的話，妳離被炒魷魚的日子就不遠了。

一個優秀的職場人懂得在適當的時候承認錯誤，承擔責任，這樣她更容易贏得別人的理解甚至尊敬。在職場中，擁有良好的人際關係是最大的財富之一，它能使妳如魚得水，左右逢源，永遠立於不敗之地。

因此，當妳不小心出差錯後，最好的辦法就是勇敢地認錯。事實上，妳的上司也不是聖人，他也會有出現失誤的時候，所以，上司一般不會因為妳犯個小錯，就全盤改變對妳的看法。當然，光承認錯誤還遠遠不夠，妳還得提出具體糾正錯誤的方法，這樣妳不但能讓上司看到妳的坦誠，同時也讓上司看到了妳處理問題、改正錯誤的能力。

4．不找任何藉口

在美國西點軍校裡有一個廣為傳誦的悠久傳統，就是遇到軍官問話，只能有四種回答：「報告長官，是！」「報告長官，不是！」「報告長官，不知道！」「報告長官，沒有任何藉口！」除此以外，不能多說一個字。

「沒有任何藉口」所體現出的是一種負責、敬業的精神，一種服從、誠實的態度，一種完美的執行能力。也正是基於這種精神理念，二戰後，在世界五百強裡，

西點軍校培養出了一千多名董事長，二千多名副董事長，五千多名總經理、董事，可口可樂、通用公司、杜邦化工的總裁，就是其中傑出的代表。

許多人的失敗，就是由於有了過多的藉口。因為大多數公司老闆是不願意聽藉口的，他注重結果，在乎任務是否完成，而不會管妳如何努力去完成這項任務。所以一旦任務未完成，老闆是不會靜下心來耐心地聽妳的各種藉口的，在老闆眼裡任何藉口都是在推卸責任，只有逮著老鼠的貓才是好貓，所以一名合格的員工是不會為未完成的任務去找各種藉口的。

大凡成功的人或在某一領域有所成就的人都有「不找任何藉口」的共同特點，他會想盡一切辦法努力做好手中的工作，盡全力配合同事的工作，出色地完成上級交辦的任務，替上級解決問題。即使偶爾的失誤，他也不會找藉口來掩飾，而會勇於承擔應承擔的責任。

因而，不找任何藉口，是一種良好的工作心態，它會使我們對工作產生一種發自肺腑的真愛，投入自己全部的熱情和智慧，創造性地、自動自發地完成自己的工作，這樣我們工作起來才可能遊刃有餘，才可能獲得工作所給予的更多獎賞。不找任何藉口為自己開脫，努力尋找解決問題的辦法。無論在什麼工作崗位，無論做什麼事，都牢記自己的責任，對自己的工作負責，而不找任何藉口。

在妳沒有任何藉口的情況下，就會想盡一切辦法努力把手中的工作做好，這也正是我們說「不找任何藉口」的根本所在。這對男人適用，對女人也同樣適用！

5．不輕易放棄，「希望」在下一個路口等妳

許多人都希望成功，但是往往最後的結果都不如願。他們之所以不能獲得成功，就是因為他們在受挫時，總是一味地向後退，最後，成功也就離他們越來越遠了。也就是說，如果妳不輕言失敗，如果妳不輕易放棄，再堅持一會兒，那麼成功就會在下一個路口等妳。或許，有時妳會覺得迷茫，那是因為妳還未悟得要領，只要再堅持一會兒，妳就一定能夠找到通向它的坦途，從而分享到成功的喜悅。

一位成功企業家應邀到一所大學演講，一位大學生問成功企業家：「我參

加過多次校內創業、校園招聘都從來沒成功過。請問我怎樣才能成功？」企業家講述了自己登山的經歷：他登的是海拔8848米高的珠穆朗瑪峰。由於經驗不足，氧氣消耗得很快。當他爬到8300米時，發現有些胸悶，氧氣已經不多了。他有兩個選擇，一個是繼續往上，但有生命危險；一個是往下撤，生命雖沒有危險，但登頂的機會只能留到下一次。他毫不猶豫地選擇了前者。在8430米左右時，他見到了一個尚有半瓶多氧氣的瓶子，靠著它，企業家成功了。

其實，成功的祕訣很簡單，就是永不放棄，永遠堅持、努力。幸與不幸，貧窮與富有，成功與失敗，只在於個人的努力和奮鬥，與其他的無關。生活中，當我們遇到挫折時，堅持是妳最明智的選擇。妳必須要堅持，無論這條路是怎樣的崎嶇，怎樣的漫長，只有這樣，妳才能成功，才能勝利。

俗話說：「功到自然成。」在成功之前難免會失敗，但是只要妳堅持，努力，那麼成功就會在下一個路口等著妳。

6．成功女人在逆境中需具備的條件

成功女人是如何在逆境中生存的呢？下面我們一起來看看。

1．困境即是賜予

有堅毅頑強的品格，困境將化為成功的基石；有誓不甘休的決心，逆境將化為成功的順境；有不屈不撓的意志，挫折將化為攀登的階梯；有寬容如海的胸懷，煩惱將化為快樂的清泉；有豁達澹泊的心態，幸福將化為永恆的人生。

有一天，森林之王的獅子，來到天神面前：「我很感謝您賜給我如此雄壯威武的體格、如此強大無比的力氣，讓我有足夠的能力統治這整座森林。」

天神聽了，微笑地問：「但是這不是你今天來找我的目的吧！看起來你似乎為了某事而困擾著呢！」

獅子輕輕吼了一聲，說：「天神真是了解我啊！我今天來的確是有事相求。因為儘管我的能力再好，但是每天雞鳴的時候，我總是會被雞鳴聲給嚇醒。神啊！祈求您，再賜給我一個力量，讓我不再被雞鳴聲給嚇醒吧！」

天神笑道：「你去找大象吧，他會給你一個滿意的答覆的。」

獅子興沖沖地跑到湖邊找大象，還沒見到大象，就聽到大象跺腳所發出的「砰砰」的響聲。

獅子加速地跑向大象，卻看到大象正氣呼呼地直跺腳。

獅子問大象：「你幹嘛發這麼大的脾氣？」

大象拼命搖晃著大耳朵，吼著：「有隻討厭的小蚊子，總想鑽進我的耳朵裡，害我都快癢死了。」

獅子一邊走，一邊回頭看著仍在跺腳的大象，內心想道：「天神要我來看看大象的情況，應該就是想要告訴我，誰都會遇上麻煩事，而祂並無法幫助所有的人。既然如此，那我只好靠自己了！反正以後只要雞鳴時，我就當做雞是在提醒我該起床了，如此一想，雞鳴聲對我還算是有益處的呢！」

一個障礙，就是一個新的已知條件，只要願意，任何一個障礙，都會成為一個超越自我的契機。在人生的路上，無論我們走得多麼順利，但只要稍微遇上一些不順的事，就會習慣性地抱怨老天虧待我們，進而祈求老天賜給我們更多的力量，幫助我們渡過難關。但實際上，老天是最公平的，就像祂對獅子和大象一樣，每個困境都有其存在的正面價值。

2・不相信自己的意志，永遠也做不成將軍

春秋戰國時代，一位父親和他的兒子出征打戰。父親已做了將軍，可兒子還只是個馬前卒。又一陣號角吹響，戰鼓雷鳴了，父親莊嚴地托起一個箭囊，其中插著一支箭。父親鄭重對兒子說：「這是家襲寶箭，配帶在身邊，力量無窮，但千萬不可抽出來。」

那是一個極其精美的箭囊，厚牛皮打製，鑲著幽幽泛光的銅邊兒，再看露出的箭尾，一眼便能認定是用上等的孔雀羽毛製作的。兒子喜上眉梢，貪婪地

推想箭杆、箭頭的模樣，耳旁彷彿嗖嗖地箭聲掠過，敵方的主帥應聲而倒。

果然，配帶寶箭的兒子英勇非凡，所向披靡。當鳴金收兵的號角吹響時，兒子再也禁不住得勝的豪氣，完全背棄了父親的叮囑，強烈的欲望驅趕著他呼地一聲就拔出寶箭，試圖看個究竟。驟然間他驚呆了。一支斷箭，箭囊裡裝著一支折斷的箭。「我一直背著這支斷箭在打仗呢！」兒子嚇出了一身冷汗，彷彿頃刻間失去支柱的房子，意志轟然坍塌了。

結果不言自明，最後兒子慘死於戰役之中。

拂開濛濛的硝煙，父親揀起那支斷箭，沉重地歎道：「不相信自己的意志，永遠也做不成將軍。」

不相信自己的意志，永遠也做不成將軍。自己才是一支箭，若要它堅韌，若要它鋒利，若要它百步穿楊，百發百中，磨礪它，拯救它的都只能是自己。

3・再試一次

有個年輕人去微軟公司應聘，而該公司並沒有刊登過招聘廣告。見總經理疑惑不解，年輕人用不太嫻熟的英語解釋說自己是碰巧路過這裡，就貿然進來了。總經理感覺很新鮮，破例讓他一試。面試的結果出人意料，年輕人的表現很糟糕。

他對總經理的解釋是事先沒有準備，總經理以為他不過是找個託詞下臺階，就隨口應道：「等你準備好了再來試吧！」

一週後，年輕人再次走進微軟公司的大門，這次他依然沒有成功。但比起第一次，他的表現要好得多。而總經理給他的回答，仍然同上次一樣：「等你準備好了再來試。」就這樣，這個青年先後五次踏進微軟公司的大門，最終被公司錄用了。

什麼東西比石頭還硬，或比水還軟？然而軟水卻穿透了硬石，堅持不懈而已！

也許，在我們的人生旅途上沼澤遍佈，荊棘叢生；也許我們追求的風景總是山重水複，不見柳暗花明；也許，我們前行的步履總是沉重、蹣跚；也許，我們需要在黑暗中摸索很長時間，才能找尋到光明；也許，我們虔誠的信念會被世俗的塵霧纏繞，而不能自由翱翔；也許，我們高貴的靈魂暫時在現實中找不到寄放的淨土……

那麼，我們為什麼不可以以勇敢者的氣魄，堅定而自信地對自己說一聲「再試一次！」再試一次，妳就有可能達到成功的彼岸！

人生中的挫折、不順常常如夏日的暴風雨不期而至。在逆境中，妳是否已有了承受能力？不管如何，妳都應懂得意志力的重要意義。成功永遠只屬於那些不輕言失敗的人。

7．困境前女人該如何選擇

困難、挫折、失敗是勝利、喜悅、幸福的另一半，人生總是這樣順逆交替，猶如黑夜、白天或四季的變更。當太陽下山，在漫長的黑夜之中時，妳是選擇倒下，還是選擇堅強？

有一天，龍蝦與寄居蟹在深海中相遇，寄居蟹看見龍蝦正把自己的硬殼脫掉，只露出嬌嫩的身軀。寄居蟹非常緊張地說：「龍蝦，你怎可以把唯一保護自己身軀的硬殼也放棄呢？難道你不怕有大魚一口把你吃掉嗎？以你現在的情況來看，連急流也會把你沖到岩石去，到時你不死才怪呢！」

龍蝦氣定神閑地回答：「謝謝你的關心，但是你不了解，我們龍蝦每次成長，都必須先脫掉舊殼，才能生長出更堅固的外殼，現在面對的危險，只是為將來發展得更好而做出準備。」

寄居蟹細心思量了一下，自己整天只找可以避居的地方，而沒有想過如何令自己成長得更強壯，整天只活在別人的護蔭之下，難怪永遠都限制著自己的發展。

對於那些害怕危險的人，危險無處不在。每個人都有一定的安全區，妳想跨越自己目前的成就，請不要劃地自限，勇於接受挑戰充實自我，妳一定會發展得比想像中更好。

生活中每一個困難與挫折，都是上天賜予我們檢驗自身的機會，所以，我們跌倒時，不必驚慌與難過，更不要就此一蹶不振。只要從心裡湧出勇敢的精神，鼓勵自己站起來，撣撣身上的灰塵，然後繼續前進，就會成功。

第8章

財富因為身體健康才光彩

財富是很多人一生努力追求的目標，但如果身心不健康，再多的金錢都是虛幻的，因為妳沒有辦法使用它。

1．看看妳的健康有多少分？

身體健康包含了兩個方面的含義，一是指主要臟器無疾病，人體各系統具有良好的生理功能，有較強的身體活動能力和勞動工作能力，這是身體健康的最基本的要求。二是指對疾病的抵抗能力，即維持健康的能力。

有些女人平時沒有疾病，身體也沒有不適感，經過醫學檢查也未發現異常狀況，但當環境稍有變化，或受到什麼刺激，或遇到致病因素的作用時，身體機能就會出現異常，說明其健康狀況非常脆弱。能夠適應環境變化、各種心理生理刺激，以及致病因素對身體的作用，才是真正意義上的身體健康，才能更美麗。

世界衛生組織認為，現代人身體健康的標準是「五快」，具體是指——

1．吃得快

是指胃口好。什麼都喜歡吃，吃得香甜，吃得平衡，吃得適量。不挑食，不貪

食，不零食。吃得快，當然不是指吃得越快越好，而應做到細嚼慢嚥，使唾液充分分泌，這樣可以減輕胃的負擔，提高營養吸收率，也能減少癌症的發生。

2．便得快

是指大小便通暢，胃腸消化功能好。良好的排便習慣是定時、定量，不要拘泥於每天一次，有便意就去上廁所，每次不超過5分鐘，每次排便量250～500克，說明肛門、腸道沒有疾病。假如便祕，大便在結腸停留時間過長，形成「宿便」，有毒物質就會吸收得多，引進腸胃自身中毒，出現各種疾病，甚至可能導致腸癌。

3．睡得快

是指上床後能很快入睡，且睡得深，不容易被驚醒，又能按時清醒，不靠鬧鐘或呼叫。醒來後頭腦清楚、精神飽滿、精力充沛、沒有疲勞感。睡得快的關鍵是提高睡眠品質，而不是延長睡眠時間。睡眠品質好表明中樞神經系統興奮、抑制功能協調，內臟無病理資訊干擾。睡眠少或睡眠品質不高，疲勞得不到緩解或消除，會形成疲勞過度，甚至出現疲勞綜合症，降低免疫功能，產生各種疾病。

4・說得快

是指思維能力好。對任何複雜、重大的問題，在有限的時間內能講得清清楚楚、明明白白，語言表達全面、準確、深刻、清晰、流暢。對別人講的話能很快領會、理解，把握精神實質，表明思維清楚而敏捷，反應良好，大腦功能正常。

5・走得快

是指心臟功能好。俗話說：「看人老不老，先看手和腳」以及「將病腰先病，人老腿先老」。加強腿腳鍛鍊，做到活動自如、輕鬆有力，不要事事時時離不開車，不要忘記腿是精氣之根，是健康的基石，是人的第二心臟。

這幾條標準雖然內容簡單，但要真正做到卻並不容易。

只有身體健康才能說美，女人的美麗是靈性加彈性——擁有活生生的肉體健康

的女人，才會永永遠遠吸引住男人的目光，也才會成為一道生活中最美的風景。

2・健康殺手

但是，一些不健康的生活方式，正在吞噬著健康，特此提醒愛美女性們注意。

1・盲目減肥

愛美之心，人皆有之，時髦女性尤其如此。許多人千方百計想減掉自己體內多餘的脂肪，減肥茶、減肥餐、運動健身等各種各樣的減肥措施令人眼花撩亂。還有的減肥者想速見成效，於是拼命節食，結果是體重減輕了，身體卻垮了。

女性追求完美體型的願望是可以理解的，但不可盲目地為了減肥而過量運動。人的身體是需要適應和調整的，關鍵不在於妳運動了多少，而是貴在堅持。每天抽出5分鐘鍛鍊，也比一個月或幾個月瘋狂運動一次好，而且運動過量還容易使肌肉損傷。

2．冬季「要風度不要溫度」

在寒冷的冬季，很多人都已穿上大衣、羽絨服，而一些愛美女性卻仍然身著短裙配上長絲襪，儼然一副夏天的打扮。大部分穿裙子的女性，不是不覺得冷，而是因為覺得這樣才「美」。這樣的打扮確實是時髦，但卻給健康帶來了隱患。

在寒冷的季節，穿裙子會使膝蓋的溫度過低，膝關節受到刺激就容易引發關節炎，使膝關節的關節軟骨代謝能力減弱，免疫能力降低，還會造成對關節軟骨的損害，形成創傷性關節炎，引起膝關節腫脹和膝關節滑囊炎。

3．穿戴上的「好看不好受」

愛美是女人的天性，但若為了外表的光鮮亮麗，在穿戴上「虐待」自己，迷戀又細又高的高跟鞋、又小又緊的內褲和胸罩，以及五花八門的掛件等，長此以往，美麗的背後將付出健康的代價。

在這些裝扮中，首當其衝的便是高跟鞋。高跟鞋問世以來一直備受女性的青

睞，但鞋跟在七公分以上的高跟鞋，會使人體重心前移，給膝關節造成壓力，而膝部壓力過大是導致關節炎的直接原因之一。另外，趾骨也會因為負擔過重而變粗。除此之外，過高的高跟鞋，還會造成跟腱和脊椎骨變形。

有些追求身材完美的女性片面注重束身效果，經常穿著又小又緊的內褲，這樣不僅會感到渾身不舒服，而且也會影響到血液流通，並使局部肌肉因為不透氣、汗漬而發炎。

還有的女性喜歡穿束腹馬甲，這種衣服長時間穿在身上會引起心口灼熱、心跳加快、頭暈、氣短等不適現象，甚至會出現心口疼痛。

女性如果每天長時間地穿著又緊又窄的胸罩，則會影響乳房及其周圍的血液循環，使有毒物質滯留在乳房組織內，增加患乳癌的可能。

各類金屬首飾掛件，除了純金（24K）的以外，其他的在製作過程中一般都要添加一定量的鉻、鎳、銅等，特別是那些價格較為低廉的合金製品，其成分則更為複雜，女性細嫩的皮膚戴上這類材料的首飾，很容易受到傷害。

4．職場女性的健康隱患

(1)化妝過濃　職業女性由於工作需要，適當的化妝是必要的，但切忌濃妝豔抹。目前市場上出售的化妝品無論多高檔，還是化學成分居多，含有汞、鉛及大量的防腐劑。不少女性把美容的希望寄託於層出不窮的化妝品上，而忽略了自身的健康。化妝品中的化學成分會嚴重刺激皮膚，粉狀顆粒物容易阻塞毛孔，減弱皮膚的呼吸功能，產生粉刺、黑頭等皮膚問題。

(2)超負荷工作　在職場中，競爭越來越激烈，職業女性的工作節奏也日趨緊張，精神壓力也越來越大，但精神上和身體上的超負荷狀態，對健康是非常不利的。如果不注意休息和調節，中樞神經系統持續處於緊張狀態，就會引起心理上的過激反應，久而久之可導致交感神經興奮性增強，內分泌功能紊亂，從而產生各種身心疾病。

(3)飲茶過濃　很多職業女性有飲茶的習慣，茶可消除疲勞、提神醒腦，從而提高工作效率。但茶中的茶鹼是一種有效的胃酸分泌刺激物，長期胃酸分泌過

多，可導致胃潰瘍。所以，職業女性切忌飲茶過濃，飲茶前最好在茶中加入少量的牛奶、糖，以減輕胃酸對胃黏膜的刺激。

(4)**吸煙過多**　很多職業女性也抽煙，殊不知煙草對健康的嚴重危害。有資料表明：吸煙女性心臟病發病率比不吸煙女性高出10倍，絕經期提前一～三年，孕婦吸煙導致產生畸形兒的機率是不吸煙者的25倍。另外，年輕女性吸煙還會抑制面部血液循環，加速容顏衰老。

(5)**飲酒過度**　職業女性在工作中總會遇到一些不順心的事，有些人就採取借酒消愁的方式，還有的女性把喝酒當成現代生活方式中的一種時髦行為。其實，借酒消愁愁更愁，喝酒不僅解決不了問題，還會使大量的酒精進入人體，導致神經系統受損，給自身健康帶來很大的危害。

(6)**營養不良**　職業女性為了節省時間，也為了免除麻煩，經常買速食品充饑，如速食麵、麵包、各種糕點或餅乾，等等。這種做法對於工作來說，可稱得上是快省，但身體卻會受到很大的傷害，時間長了會導致營養不良。

5・優秀單身女人的「孤獨症」

據統計，美國某州兩年內每10萬人中死於心臟病的共有775人，其中結婚的為176人，而獨身者（指未婚和離婚者）卻有599人，後者是前者的三倍多；在122個自殺者中，17人是有家眷的，105人是獨身者，後者是前者的六倍多。這說明，孤獨在一定程度上已成為人類健康的殺手。

現代社會，單身女人越來越多，尤其是高學歷、能力也強的人數日趨上升。

許多男人認為：高學歷、高能力的女性整天忙於事業，不懂生活情趣，跟這樣的女人組建家庭，婚後的日子肯定會像一杯白開水似的，淡而無味。還有一些男人認為在能力強的女性面前，顯得自己無能、藐小，不僅感到自卑，而且缺乏安全感。因此，出於男性的自尊心理，他們不願選擇高學歷、高能力的女性為伴，這使得更多高學歷、高能力的女性選擇了獨身。

單身女人在工作中要不辭勞苦，在生活中還要面對著周圍人投過來的無法理解、不可思議的目光，這種孤立於友誼和家庭之外的生活方式，使人患病和死亡的

可能性大大增加。孤獨對死亡率的影響，同吸煙、高血壓、高膽固醇、肥胖和缺乏體育鍛鍊一樣大。

3．年輕不是妳透支健康的藉口

人在年輕的時候，都不拿健康問題當回事，殊不知，很多看似無關緊要的習慣和做法，已經給自己的未來埋下了無數健康隱患，說不定就是妳現在的一個小錯誤，白白讓陽壽減少了好幾年！

猶記得當年20出頭，風華正茂，妳認為自己的活力永遠也不會枯竭。時過境遷，如今的妳已經成為了普通人中的一員：和別人一樣背負著償還貸款的壓力，更多的精力都用於籌劃各類家事，至於休閒娛樂早已淪為偶爾為之的奢侈。

這時候妳恐怕就會開始憂心年輕時候不計後果的瀟灑，會不會突然間給自己來個逆襲？飲酒、跳迪斯可、日光浴，這些看似年輕標誌的活動，究竟會給日後的身體健康，帶來哪些威脅？

1．反覆減肥

醫學界過去曾經認為反覆減肥會導致新陳代謝紊亂、肌肉密度降低，甚至猝死，儘管目前的研究對上述結論已呈現否定趨勢，但反覆減肥、增肥對於健康的影響亦不容樂觀。美國華盛頓醫學中心的研究顯示：反覆減肥會使人體的長期免疫力下降。儘管尚未找出具體原因，但研究人員發現反覆減肥會降低細胞活力和對抗感冒、感染，和早期癌細胞的能力。

對於體重超標的人來說，減輕4.5公斤體重就可以降低高血壓和糖尿病的發病率，減掉多餘的脂肪當然要比拖著一身贅肉健康瀟灑，但關鍵在於如何保衛自己的減肥成果。

首先，必須找出肥胖的原因，摒棄過去不健康的生活方式和習慣；然後採取實際行動，根據營養學家的建議和自己的接受能力科學減肥、快樂減肥——既要控制過量的飲食，又要保證每日人體所需各種營養的攝入量。

再次，定期運動既能夠減輕人體壓力還能夠促進脂肪燃燒，讓減肥的效果更顯

著、更持久。最後，無論多好的減肥方法，都需要減肥者持之以恆的毅力來配合。

2．酷愛日光浴

很多女人都認為日光浴不但能給自己帶來迷人的膚色，還有益健康。但是千萬別小看陽光的厲害——頻繁或時間過久的日光浴，也可能導致皮膚癌和提前衰老（如色斑、皺紋、皮膚鬆弛和毛細血管破裂等）。儘管沒有人能夠證明日光浴本身與皮膚癌有多大程度的直接因果關係，但研究表明那些有曾經被日光灼傷經歷的人，罹患黑色素瘤（皮膚癌中死亡率最高的一種）的機率要高於其他人。

最近的一項研究顯示，在所有喜歡日光浴的人群中，白色人種的人罹患黑色素瘤的可能性高出其他人群三倍之多。從日光浴的方式來說，「人工」日光浴的傷害性更大一些，因為皮膚會在短時間內吸收相當集中的紫外線。

從被日光灼傷到病發皮膚癌，其間可經過一個10～30年的潛伏期。因此如果妳在小時候曾經被陽光灼傷過，那麼現在必須提高警惕。每個月檢查一下自己全身的皮膚，看看有沒有新的痣記出現，有沒有老的痣記變色、變形，如果妳發現任何可疑症狀應立刻就醫。

同時，如果妳身上的痣記較多或經常曬日光浴的家人中，有人曾罹患皮膚癌，那麼妳也應該每年做一次專業的皮膚檢查。當然，還有最基本的一點：在未塗抹防曬油的情況下，再也不要接受陽光直射。

3．經常處於嘈雜的環境

年輕時酷愛搖滾樂的妳，會發現自己的聽力大不如前。經常處於嘈雜的環境，容易造成聽覺系統對中波聲音接收能力的下降，有時候聽不清別人所說的話，周圍有噪音的時候情況尤甚。隨著年齡的增長，人們繼而會對更高波段的聲音反應遲鈍，也就是說，聽高音調聲音如門鈴、電話的能力降低。

聽力的喪失是無法挽回的。但是我們可以採取行動避免聽力的繼續下降。比如，看電視、聽音樂時，刻意將音量放小一點兒，在使用吸塵器等噪音較大的電器時帶上耳罩等。如果耳邊經常嗡嗡響，說明妳可能患有耳鳴症，對於那些喜歡大聲放音樂的人來說，這是一種常見病。雖然沒有根治的辦法，但如果出現此症狀還是

應該及時就醫，以便排除患其他病症的可能性，並了解緩解症狀的方法。

所以，年輕的女性朋友們，要想讓妳的一生過得富足健康，就不要早早地透支身體，真正富有的人不是擁有錢財最多的人，而是擁有財富且身體健康的人。

4．吃好、鍛鍊、休息、保養

呵護身體，分為四個步驟——吃好、鍛鍊、休息、保養。

呵護妳的身體，就要從給予營養開始，也就是說要吃好，當然也包括喝好。吃好並不是說要給自己的身體補充什麼特殊的營養。所謂吃好就是營養要全面，無論是維生素還是其他的微量元素，都要充足。

怎麼樣才能充足呢？很簡單，不要挑食、不要節食、不要費盡心機地去吃那些反季節蔬菜，而應該多吃當地、當季盛產的蔬菜。比如說大豆、花椰菜、胡蘿蔔、白菜等，不要小看這些蔬菜，它能為我們的身體提供絕大部分的營養。

當然，吃好還包括要吃好主食。主食包括：麵、米飯、粗糧等。特別是粗糧，很多人並不喜歡吃，可是不喜歡吃並不表示妳的身體不需要。我們的身體需要的微量元素很多都是從這些粗糧中攝取的，如很多的維生素，很多的微量金屬元素等。

還有一點就是要多吃水果，它不僅能為身體補充水分，還能為身體提供很大一部分蔬菜中沒有的維生素。當然也不必要去吃那些反季節的水果，還是遵循那個原則，吃當地當季盛產的水果，即便是小黃瓜、番茄也可以。吃什麼不是問題的關鍵，關鍵是妳要吃，要讓身體的營養達到平衡。

吃好，最重要的一點就是要按時進食。不能讓自己的身體餓一頓、飽一頓的，這是在折磨自己的身體。對於那些要減肥的人，更要提醒一句：少吃不是減肥的好方法，相反，如果妳的身體處於一種饑餓狀態，那麼它就會自動將一切能轉化成脂肪的能量全部轉化成脂肪。這樣看來很多人減肥其實是南轅北轍，不但不會減少身體中脂肪的消耗，反而會導致身體脂肪的增加，同時也會給身體帶來很大的傷害。仔細想想，這又是何必呢？

呵護自己的身體，除了要吃好，還要積極進行鍛鍊。這種鍛鍊不是「三天打魚，兩天曬網」，講究的是一個有規律的堅持。如果每週能堅持至少三次鍛鍊，妳

的體質就會大大地增強，鍛鍊還能減少脂肪、預防疾病、緩解壓力和緊張感。

鍛鍊，首先要選擇適合自己的運動，只有適合自己的運動才是真正的鍛鍊，否則一切都是空話。要麼鍛鍊強度太大，傷害了身體，要麼鍛鍊強度太低，根本就達不到鍛鍊的效果。

當然，說到鍛鍊很多人就推說自己沒有時間。之所以會這樣說，是因為還沒有明白一個道理：鍛鍊並不一定要在健身房裡進行，我們隨時隨地都可以進行鍛鍊。

比如說可以少搭一次電梯，而選擇走樓梯；比如說可以選擇騎自行車去郊遊，而不是開車去；比如說可以在晚飯過後和一家人出去散散步，而不是窩在家裡看電視或者上網；甚至在電視換台的時候可以起身去換，而不是用遙控器……要知道，鍛鍊是一種全時段性的，不是只有在健身房和健身器材接觸的時候才是運動。

資料顯示，那些不經常鍛鍊的人在晚年得病的機率，遠遠超過那些經常鍛鍊的人，如果妳經常鍛鍊，那麼妳得病的機率將下降30％。

1．鍛鍊之後的一個步驟是休息

休息對於身體來說不僅是一件好事情，更是一件必要的事情。誰都知道自己必須休息好，否則就沒有精神，可是現代社會誰又能真正睡好呢？為了工作，為了應酬，每天早出晚歸；因為計畫，因為時間，我們總是把自己搞得筋疲力盡。最終就是一年到頭都沒有睡過一天的好覺，不僅剝奪了身心自我修復的機會，還欠下了很多休息的債。

一說到休息，年輕人可能會說，趁現在年輕，多拼幾年，到時候再慢慢休息。乍聽起來這樣的話很提氣，可是仔細想想，這樣的生活方式可取嗎？一般來說，35歲以後，即便是非常健康的人也會因為壓力和焦慮造成睡眠問題，更不用說那些處在更年期的人們。從這一點說，人再健康至多年輕到35歲，那麼，我們到底能年輕幾年呢？

因此為了能使自己長久地處於一種年輕狀態，足夠的休息是必要的，千萬不要被傳統的言論所蒙蔽，將以後的年輕提前用完。

按時睡覺，安心睡覺，爭取週末，爭取一切休息的機會，而不是把空閒時間花在網路或者是電視，以及商場購物上面。

2・呵護身體的最後一個步驟是保養

身體其實並不需要很好的保養，但這個前提是妳一直以來都善待它。就像一台機器一樣，只有平時善待它，它才能將自己的效率提高到最大，並且盡可能地不出現故障。

越來越多的人不注意保養自己的身體，甚至連最基本的例行檢查都沒有，等到發現疾病時已經是病入膏肓了，即便醫學再發達，也挽回不了。

關注健康，擁有健康，女人才會享受到幸福美好的生活。

5．女人每天必做的八件事

1．每天兩大杯白開水

女人是水做的，充足的水分是女人健康和美容的保障。女人若缺水，就會使她們的身體過早衰老，皮膚因缺水而失去光澤。女人的代謝慢，消耗也低，如果喝水比較少，就會使身體和皮膚的問題同時出現。

女人應該做的是：每天至少兩大杯白開水，早晚各一杯。早上的一杯可以清潔腸道，補充夜間失去的水分，晚上的一杯則能保證睡覺時，血液不至於因缺水而過於黏稠。血液黏稠會加快大腦的缺氧、色素的沉積，使衰老提前來臨。

2．綜合維他命

為了減肥而節食的女人在現代社會中比比皆是，這樣就難以保證身體獲得充足

的營養。所以，每天補充必需的維生素和微量元素是現代女性保健之必需。女人可以選擇多種維生素的複合劑。

女人年齡超過30歲時，為延緩衰老的到來，維生素C、E是必須補充的。它們可以中和侵襲人體皮膚組織的自由基因，對皮膚起保護作用。為了防止骨質疏鬆，30歲開始，就應該每天服用一定的鈣劑，以乳酸鈣、檸檬酸鈣為好。

3．一杯醋

醋在女人生活中發揮著非常重要的作用，每日三餐中攝入的食用醋，可以延緩血管硬化的發生。除了飲食之外，在化妝檯上加一瓶醋，每次在洗手之後先敷一層醋，保留15分鐘後再洗掉，可以使手部的皮膚柔白細嫩。如果自來水水質較硬，可以在洗臉水中稍微放一點醋，就能起到很好的養顏護膚作用。

4．一杯優酪乳加一杯鮮奶

女人是最容易缺鈣的，而牛奶中含鈣量很高，其補鈣效果優於任何一種食物，特別是優酪乳，更容易被人體吸收。所以，女人應每天保證喝一杯優酪乳。另外的一杯鮮奶，則是為美容準備的。

如果每星期能夠選一天去做個「桑拿浴」，蒸去皮膚表層的髒東西，不但能美容，而且又能保養皮膚。其中牛奶就是最便宜又是最有效的美容面膜。在桑拿室中蒸10分鐘後，用鮮牛奶塗抹全身保留半小時，待洗浴結束後再沖掉，經過牛奶浴的皮膚會明顯地細嫩起來。最重要的是，這樣美容的價格很經濟。

5．一瓶礦泉水

名副其實的礦泉水中含有的微量元素和礦物質，是皮膚最需要的。清潔臉部後仰臥，用礦泉水浸濕一塊乾淨的紗布，然後敷在臉上，等到紗布變乾後再次浸濕。如此反覆進行，就等於給面部做了一次微量元素的營養補充。

6．茶葉

茶，女人是一定要喝的，對於那些想要減肥的女人來說，茶是最天然、最有效

的減肥劑，其中以綠茶和烏龍茶最好，再沒有什麼比茶葉更能消除腸道內淤積的脂肪了。另外，便祕的女人可以每個星期飲用二至三次緩瀉茶，保持大便每天通暢，是女人保健的關鍵。

7．一個番茄或一片維生素C發泡劑

在水果和蔬菜中，番茄是維生素C含量最高的一種，女人每天至少應保證攝入一個番茄，以便滿足一天所需的維生素C。如果因各種原因辦不到，則至少要每天喝一杯用維生素C製成的發泡劑飲品。要注意，發泡劑溶解後要立即喝掉，否則其氧化的速度很快，水中的維生素C也就失效了。

8．一個面膜

在每天晚上臨睡前，女人應該敷個面膜。面膜的作用就是將沉積在面部的髒東西消除掉，給皮膚做一次徹底的清潔，然後塗上護膚品，從而使晚間的皮膚得到最好的修復。

6．心理健康才是真健康

心理健康才有身體的健康。30歲左右的女人正處在人生中壓力最大的幾年，上有老下有小或者準備當媽媽的女人一般都很緊張。如果這個階段妳的心理健康出現問題，不僅僅對自己影響巨大，而且還會影響到整個家庭的幸福。

在充滿競爭的現代社會裡，如何才能揚長避短，保持心理健康呢？

第一，應該對競爭有一個正確的認識。有競爭，就會有成功和失敗。但關鍵是正確對待失敗，要有不甘落後的進取精神。

第二，對自己要有一個客觀的、恰如其分的評估，努力縮小「理想我」和「現實我」的差距。知人雖難，知己更難。自我認識的膚淺，是心理異常形成的主要原因之一。

有些女性對環境過分依賴，對自己的能力沒有做出正確判斷，經過競爭中的多次失敗，由此認為：「妳行，我不行。」於是束縛自我、貶抑自我，結果焦慮劇

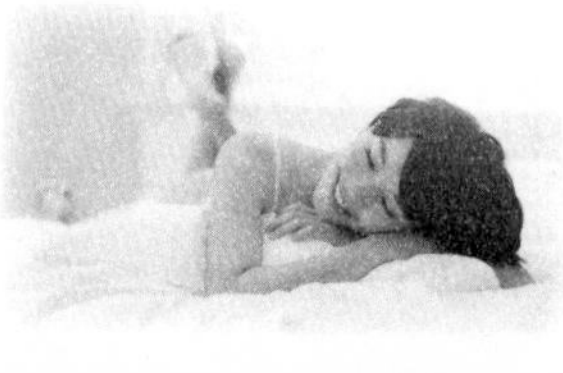

增，以致最後毀了自己。

還有些女性能夠對自己的動機、目的有明確的了解，對自己的能力有適當的估價，從不隨意說「我不行」，也不無根據地說「不在話下」。她們對自己充滿自信，對他人也深懷尊重，她們認為在認識自己的前提下，是沒有什麼不可戰勝的，最後她們取得了成功。

接受現實的自我，選擇適當的目標，尋求良好的方法，不隨意退卻，不做自不量力之事，才可創造理想的自我，避免心理衝突和情緒焦慮，使人心安理得，獲得心理健康。

1．面對現實，適應環境

能否面對現實是心理正常與否的一個客觀標準。心理健康的職業女性總是能與現實保持良好的接觸。她們能發揮自己最大的能力去改造環境，以求外界現實符合自己的主觀願望；在力不能及的情況下，她們又能另擇目標或重選方法，以適應現實環境。

在現實生活中，職業女性應有——「走自己的路，讓別人去說吧」的精神，若總是人云亦云、隨波逐流，便會失去自主性，焦慮也就由此產生。所以無論做人還是做事，都必須有自己的原則。

另一方面，職業女性也應該注重朋友的忠告。自以為是、我行我素，只會落得形影相弔、無人理睬的境地。如果一個人的想法、言談、舉止、嗜好、服飾等，總是與別人差別太大，或與現實格格不入，又如何能獲得心理健康呢？

2．結交知己，與人為善

樂於與人交往，和他人建立良好的關係，是職業女性心理健康的必備條件。擁有良好的人際關係，不僅可以得到幫助和獲得資訊，還可使自己的苦、樂和能力得到宣洩、分享和體現，從而促使自己不斷進步，保持心理平衡、健康。

3．努力工作，學會放鬆

工作的最大意義不限於由此而獲得物質生活的報酬，而是它能夠表現出個人的

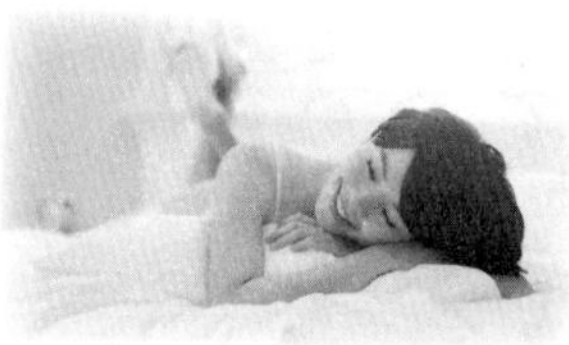

價值，獲得心理上的滿足，能夠使人在團體中表現自己，提高個人的社會地位。

但另一方面，生活節奏加快、工作忙碌而機械，不少職業女性情緒長期緊張而又不善於放鬆調整，也成了心理異常的一個原因。要合理地安排休閒放鬆的時間，經常改換方式，如郊遊、聚會、參觀展覽等，也可參加一些社會性的活動，使節假日更為豐富多彩。

7．健康的財富效應

人活在世上，有許多財富，健康應該是第一財富。因為失去了這種財富，其他所有的財富都沒有依存的基礎，很多人對這個問題看不透。現在，一些人為了賺錢而奔波，因為他們相信財富可以使人快樂；然而，擁有財富卻不一定擁有健康，並不會真的幸福。少了健康，任何財富都一文不值；有了健康，我們就可以重新找回美貌、金錢、榮譽、誠信、機敏、才學。這時，健康便成了唯一的見證人。

健康既是一種可計算的財富，又是一種不可計算的財富。健康的身體和心態，可以為我們節省一大筆用於治療的費用。保持健康，可以使我們遠離疾病的困擾，不僅節省了醫療資源，還可以創造出更多的財富。

所謂健康，就是在心理、精神和身體上都達到完善狀態。知識需要積累，財富需要積累，健康也需要積累。從某種意義上說，積累健康比積累財富、知識更為重要。世界衛生組織指出，一個人的健康長壽，60％取決於自己，另外40％才取決於遺傳基因、醫療條件等。面對如此脆弱的生命，我們怎麼可以不認真把握住屬於自己的那60％的權力呢？

真正富有的人不是擁有錢財最多的人，而是擁有財富且身體健康的人。

在日本，清心寡慾、儉樸自然之風正吹遍這個昔日以「工作狂」出名的島國。在現在的大老闆在一起也會互別苗頭，他們比的是誰的血脂、血壓、血糖、膽固醇低，誰的腰圍沒超標。由此可見，擁有健康的人生，已成為現代人最大的需求。

有健康即有希望，有希望即有一切。擁有健康，就是擁有世間最寶貴的財富，取之不盡，用之不竭，快樂也因此而生。

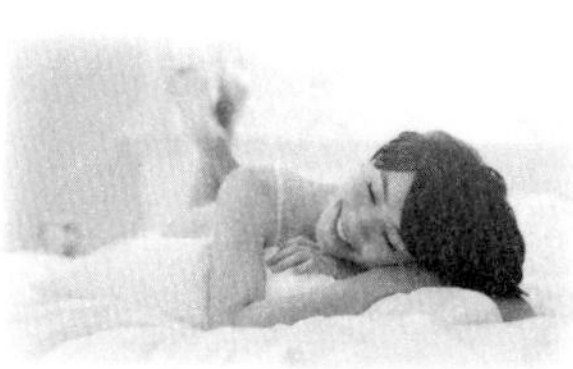

8．八種影響健康的因素

認識到健康的重要性，上班族還要了解下面這些影響健康的因素，儘量選擇健康的生活方式。

(1)工作緊張、知識更新、資訊過量引起精神焦慮。

(2)環境污染影響著代謝平衡。

(3)藥物濫用、各種食品添加劑、農藥殘留物等直接攝入人體消化系統，嚴重威脅身體健康。

(4)在市場經濟條件下，競爭加劇，導致相當一部分人心態浮躁、心理扭曲，另外一部分人呈弱者心態、阿Q精神，致使人們精神心理失衡。

(5)過度疲勞，過分透支體力，免疫力下降，亞健康狀態人群明顯增多，甚至占職業人群的60%～70%。久而久之，疾病也就從量變轉變為質變，甚至醞釀成重症、絕症。

(6)不良生活方式。社會上一部分人「五毒」俱全。吃：吃出的問題很多，營養不均衡，暴飲暴食或無節制減肥；喝：酒精過量，養成依賴性，甚至酗酒；嫖：性生活雜亂，玩樂過度，導致某些疾病傳播；賭：浪費金錢，透支體力，變成一個無用的人；抽：大焦油量香煙氾濫，幾乎與毒品等同。

(7)身體素質，包括遺傳因素。現代醫學發現有七千多種遺傳性疾病，另外，人的性格、體形、生活習慣等致病因素，也都有遺傳傾向。

(8)感染性疾病、交通事故、意外傷害等因素。

第9章

怎樣改造自己、寵愛自己

很多女性在戀愛或結婚之後，生活圈子卻似乎越來越小，漸漸地，很多時候的快樂，都是來自於購物的短暫快樂。這是女人想要的生活嗎？答案是否定的！

1．財富不是萬能的，幸福最重要

有一個心理學者，問一個即將畢業的大學生：

「想不想找一份薪水更高的工作？」

「當然想。」

「為什麼要追求更多的薪水呢？」

「為了生活更富裕。」

「那麼，生活更富裕為了什麼呢？」

……

沒人喜歡這樣被追根問柢，因為我們未曾真正思考過。畢竟，有錢是一件多好的事啊！但是，富裕到底又是為了什麼呢？

芝加哥大學工商學院的一個教授為我們舉了一個很形象的例子：假定妳是一家

公司的CEO，妳有兩種支付員工報酬的方式。一種方式妳可以給員工支付定額的高薪，另一種方式妳可以給員工相對低一些的薪資，但是時不時給他們一些獎勵。客觀來講，用第一種方式妳的公司花的錢更多，但是，用第二種方式妳的員工會更高興，而這個時候公司花的錢還更少！

我們無法諱言這樣的現實：追求財富是人的本能。人人都希望自己的錢包變得更鼓，人人都希望自己有朝一日成為富翁。但我們同樣無法迴避這樣的事實，社會資源的總量是有限的，至少在現在這個階段，我們不可能期望人人都成為富豪。富裕階層與弱勢群體之間的貧富鴻溝也不可能完全消失。

傳統經濟學認為，增加人們的財富是提高人們幸福水準的最有效的手段。但財富僅僅是能夠帶來幸福的很小的因素之一，人們是否幸福，很大程度上取決於很多和財富無關的因素。

舉個例子，在過去的幾十年中，美國人的國民所得翻了幾番，但是許多研究發現，人們的幸福程度並沒有太大的變化，壓力反而增加了。這就產生了一個非常有趣的問題：我們耗費了那麼多的精力和資源，增加了整個社會的財富，但是人們的幸福程度卻沒有什麼變化。這究竟是為什麼呢？

歸根結柢，人們最終追求的是生活的幸福，而不是有更多的金錢。從「效用最大化」出發，對人本身最大的效用不是財富，而是幸福本身。

這一點已經被很多真實的例證證明。有一位企業家，他公司年產值約兩億元，一年純利潤也有兩三千萬元。但他每天早上八點半上班，常常要到晚上八、九點才回家。他自嘲被企業「套」住了，一年到頭很難有輕鬆的時候。有人問他，公司每年財務報表上利潤的增加能給他帶來多少快樂，他笑了笑，搖搖頭：「增加幾百萬沒啥感覺。」

事實就是這樣，一百元給一位饑腸轆轆的人帶來的快樂，可能要比十萬元帶給千萬富翁的快樂來得強烈。如果用縱軸代表快樂，橫軸代表財富，那麼兩者的關係可以通過一條曲線反映出來：在一貧如洗時，最初的財富積累給人帶來的幸福感一定急遽上升。財富積累到一定程度後，幸福感的增加進入一個緩坡。等到財富增長到某個數量後，大大超過了一個人一生的需要，擁有者可以「為所欲為」時，幸福感增長就基本成為水平線，很難再有更多增長。

金錢和財富同樣逃脫不掉「邊際效用遞減律」。

一千五百萬元當然比一千萬元更好，但是很少有人能夠因而讓幸福感也同等增加50％。這實在是勉為其難：吃不過三餐飯，睡不過一張床，財富增加了，幸福感不一定等比增加。這是世界之惑，人類之惑。除非在財富增加的每個臺階，能過一種全新的生活。

所以，在對財富有了足夠的認識之後，請妳記住：我們的最終目標不是最大化財富，而是最大化人們的幸福。

2．心態平和帶來生活的幸福

心境是被拉長了的情緒，要想把握好心境，必須先把握好妳的情緒。

女人不要總是去抱怨什麼，而要時時保持平和的心態，把自己變成幸福的主人。雖然女人的美麗有很多種，可是慢慢的，當女人老去時，很多的美麗都會慢慢褪色，只有幸福的美麗會隨著幸福的加深越來越燦爛。

生命的品質取決於每天的心態，女人對幸福的感覺來自於健康的心態。

著名女作家塞爾瑪在成名前，曾陪伴丈夫駐紮在一個沙漠的陸軍基地裡。丈夫奉命到沙漠裡去演習，她一個人留在基地的小鐵皮房子裡，沙漠裡天氣熱得受不了，就是在仙人掌的陰影下也有華氏125度。而且她遠離親人，身邊只有墨西哥人和印第安人，而他們又不會說英語，沒有人和她說話、聊天。她非常難過，於是就寫信給父母，說受不了這裡的生活，要不顧一切回家去。她父親的回信只有兩行字，但它們卻永遠留在她心中，也完全改變了她的生活——

「兩個人從牢中的鐵窗望出去，

一個看到泥土，一個卻看到了天空裡的星星！」

塞爾瑪反覆讀這封信，覺得非常慚愧，於是她決定要在沙漠中找到星星。她開始和當地人交朋友，而他們的反應也使她非常驚訝，她對他們的紡織、陶器表示感興趣，他們就把自己最喜歡但捨不得賣給觀光客人的紡織品和陶器送給了她。塞爾瑪研究那些引人入迷的仙人掌和各種沙漠植物，又學習了大量有

關土撥鼠的知識。她觀看沙漠日落，還尋找海螺殼，這些海螺殼是幾萬年前沙漠還是海洋時留下來的……原來沙漠人難以忍受的環境，變成了令人興奮、流連忘返的奇景。

那麼，是什麼使塞爾瑪的內心發生了這麼大的轉變呢？沙漠沒有改變，墨西哥人、印第安人也沒有改變，是她的心態改變了。一念之差，使她原先認為惡劣的生活環境，變為一生中最有意義的冒險。她為發現新世界而興奮不已，並為此寫下了《快樂的城堡》一書。她從自己造的牢房裡看出去，終於看到了星星。

擁有好的心情，妳才能體驗到別人體驗不到的精彩生活。心態具有強大的力量，從裡到外影響妳、暗示妳。

一個夏天的傍晚，美麗的少婦想投河自盡，被正在河中划船的白鬍子艄公救起。艄公問：「妳年紀輕輕，何故尋短見？」「我結婚才兩年，丈夫就遺棄了我，我一無所有了。您說我活著還有什麼樂趣？」艄公聽了沉吟一會，說：

「兩年前，妳是怎樣過日子的？」少婦說：「那時我自由自在，無憂無慮呀……」「那時妳有丈夫和孩子嗎？」「沒有。」「那麼妳不過是被命運之船送回到兩年前去了，有什麼害怕的？現在妳又自由自在、無憂無慮了。請上岸去吧……」

原來世事不過像一場夢罷了，妳方唱罷我登場。

命運往往無常，權且把心放寬，轉個角度看世界，世界無限寬廣；換種立場待人事，人事無不輕安。

女性一定要清醒地認識到，心態在決定自己人生成功上的作用——

妳怎樣對待生活，生活就怎樣對待妳。

妳怎樣對待別人，別人就怎樣對待妳。

有人調查了122名患過一次心臟病的人，這些人裡有人樂觀，有人悲觀。八年後重訪時，發現悲觀的25人中去世了21個，樂觀的25人中去世了6個。這個結論理應讓我們保持樂觀，不論妳有著怎樣的不幸，生命還在，不是嗎？更何況，保持樂觀

積極的心態，才能讓快樂長久、生命長久。

那到底怎樣才能選擇好積極的心態呢？

第一，選擇好妳的目標，即弄清楚自己到底需要達成什麼樣的結果。

第二，選擇好能幫助目標達成的信念。這是因為，信念與態度之間是因與果的關係，信念是因，態度是果，即有什麼樣的信念，就能產生什麼樣的態度。

第三，選擇好妳的目標，即注意的焦點。也就是說凡事都要積極思考，將注意的焦點完全集中在妳最終想達到的那個目標上，千萬不要放在妳不想要，或得不到的地方。

第四，模仿成功者的態度。與成功者交朋友，模仿成功者的態度、信念、習慣、策略，就是快速成功的最佳策略。今天，妳看什麼書，跟什麼人在一起，可能決定五年後，妳會成為什麼樣的人。

正如美國的克爾・琳達在《關於女人愛己的祝願》一書中所說：「許多女人總以為只有先愛別人才能得到幸福，其實這正是一生深陷痛苦的端點。實際上，只有先愛自己的女人，才能真正贏得別人給予的幸福。」

妳認為自己是什麼樣的人，就將成為什麼樣的人。如果妳覺得自己不幸福，那是因為妳的眼睛只看到了自己的痛處，而沒有看到妳手中的財富。

重要的不是看著遠方模糊的東西，而是著手去做手邊最重要的事情。

學會感恩，感恩會獲得好心情。西方有一條格言：「懷著愛心吃菜，勝過懷著恨吃牛肉。」幸福是一種心態，學會感恩，就領略了幸福的真諦。

3．幸福的女人要塑造自己迷人的個性

生活中，每個女人都有其獨特的個性特點，有的性情溫柔，有的脾氣火暴，有的談笑風生，有的沉默寡言。正是因為有了各異的性情，女人才擁有了萬種風情，但絕大多數女性都有一個共同的期盼：擁有迷人的個性。所謂迷人的個性，說白了，就是能吸引人的個性。那麼，怎麼才算是擁有迷人的個性呢？

完美的人格，不過就是強調正確的思考問題的方法罷了，是一種心理意義上的成熟與完善。如果對待所有的事情，都能夠冷靜地把它們轉換成數學的、物理的，

或是化學的題目，是非對錯、輕重緩急一概量化，再經過各種排列組合得到最優的解答，大概人的性格都是完美的。所以說，追求完美人格的女士，只需要從心裡理解何謂完美的人格，並且努力提升自己的情商心智，培養良好的道德修養，就會使一切變得簡單。

要求完美，但不吹毛求疵。不要帶給自己和他人太多的壓力。

怎樣讓自己擁有享受幸福的個性呢？

1．決心

決心是最重要的積極心態，是決心在決定人的命運。

決心，表示沒有任何藉口。改變的力量源自於決定，人生的道路就取決於妳做決定的那一時刻。

2．企圖心

企圖心，即對達成自己預期目標的成功意願。

人人都想成功，但要想成功，僅僅靠希望是不夠的。大部分人都希望自己成功，而不是一定要成功。他們對成功的企圖心不是那麼強烈。一旦遇到瓶頸，要做出犧牲時，他們就會退而求其次，或者乾脆放棄。

所以，要成功，妳必須先有強烈的成功欲望，就像妳有強烈的求生欲望一樣。

3．主動

被動就是將命運交給別人安排，消極等待機遇降臨，一旦機遇不來，他就沒辦法。凡事都應主動，被動不會有任何收穫。被動的人有一點是可取的，那就是他主動將機遇交給了別人。

有一句古話：「槍打出頭鳥。」這句話保護了一大批精明人士免遭槍打，但同時也造就了無數弱者和懦夫。現在是市場經濟的競爭社會，競爭的本質特性就是主動地去獲取機遇。如果只是被動地等待機遇的降臨，那就必定一無所獲。

4．熱情

沒有人願意跟一個整天無精打采的人打交道，沒有哪個上司願意去提升一個毫無工作激情的下屬。一事無成的人，往往表現的是前三分鐘很有熱情，而成功是屬於最後三分鐘還有熱情的人。成功是因為妳對妳所做的事情充滿持續的熱情。

5．愛心

內心深處的愛，是妳一切行動力的源泉。

缺乏愛心的人，是不可能得到別人的支持，如果失去別人的支持，離失敗就不會太遠了。沒有愛心的人，不會有太大的成就。妳有多大的愛心，就決定妳有多大的成就。

6．學習

資訊時代的核心競爭力，已經發展為學習能力。資訊更新週期已經縮短到不足五年，危機每天都會伴隨我們左右。所謂逆水行舟，不進則退，是因為對手也在學習，也在進步。唯有知道得比對方更多，學習的速度比對手更快，才可能立於不敗之地。

7．自信

什麼叫自信？自信不是妳已經得到了才相信自己能得到，而是還沒有得到的時候，就相信自己一定能得到的一種態度。

建立自信的基本方法有三：一是不斷地取得成功；二是不斷地想像成功；三是將自己在一個領域取得成功的「卓越圈」運用神經語言的心理技術，移植到妳需要信心的新領域中來。

8．自律

自律就是要克制人的劣根性。不能自律的人，遲早要失敗。很多人成功過，但是曇花一現，根本原因就在於他缺乏自律，忘記了自律。

自律，其實是人生成敗的分水嶺。

9．頑強

成功有三部曲：第一，敏銳的目光；第二，果敢的行動；第三，持續的毅力。用妳敏銳的目光去發現機遇，用妳果敢的行動去抓住機遇，用妳持續的毅力，把機遇變成真正的成功。

10．堅持

假使成功只有一個祕訣的話，那就是堅持。有一句名言：凡事只要妳成為專家，一切都會隨之而來。只要妳堅持做成一件事，今天妳所放棄的，明天都會以另一種形式得到。

4．什麼叫「幸福女人」？

幸福女人的幸福祕訣，妳不妨也學一學。

(1)多讀書，多思考。要知道——「性格決定命運，知識改變性格。」

(2)有幾個紅顏知己和藍顏知己，很純粹的那種，可以陪妳笑、陪妳瘋。

(3)懂得有所為有所不為，知道自己在做什麼並能為自己負責。

(4)與情人相處，沒有什麼大不了的矛盾，最好不要把分手掛在嘴上，尤其是妳想以結婚為歸宿的話。

(5)擁有好心情，消除對自我的過分關注。不過多地為負心的男人傷心，因為傷心最終傷的只是自己的心。

(6)熱愛工作，但不要順便也熱愛上老闆。

(7)不要試圖讓男人去等妳。男人的耐心很淺，經不起女人的一波三折，讓所有的愛與不愛輕鬆一點，讓妳的性格大氣一些，心胸開闊總是好的。

⑻不耗心計地喜歡很多人，盡可能地帶著安全感面對生活。

⑼尊老愛幼，不管工作有多忙、約會有多忙，都要「常回家看看」，哪怕只是很短暫的時間。

⑽學會承受痛苦。有些話，適合爛在心裡；有些痛苦，適合無聲無息地忘記。

⑾有一個最少兩年內需要達成的目標。有目標的人生不會太無聊。

⑿不要對無關的美麗女人心生嫉妒或不滿。妳可以讚歎，然後對自己說：「妳也可以如此美麗！」

5．做一個善於管理財富的女人

懂得要投資智慧的女人，一定會懂得投資學習。而女人最應該學的，就是財務管理的知識。

女人在家庭財務管理和決策中的角色，可能有三種：第一種是家庭收入的主要支柱或支柱之一，也是家庭支出和投資的決策者；第二種是家庭收入的次要角色，但是家庭財務支出和管理的主要角色；第三種是在家庭收入方面是從屬角色，在家庭投資方面是非主要的決策者，但是在家庭支出方面有著決策權。

無論是哪一種情況，女人在家庭財務決策方面，都是不可或缺的力量。除非妳打算徹底放棄自己的財務決策權，否則，學習家庭理財的知識會受益匪淺的。

做一個善於管理財富的女人，有兩個關鍵點：

一、建立正確的理財觀點和習慣；二、掌握基本的財務管理技能，比如做賬、讀懂相關金融產品銷售傳單後面的真實資訊等。

學習理財是一生的事，要從小事做起。「行為決定結果，細節決定成敗。」

美國的大衛・巴赫說精明女人理財，首先要做到的就是——

一、寫下目標　只有寫下來的才是目標，否則就只是一句空談。如果不把願望寫下來，那麼妳就更不會浪費時間再去想它了。想一想吧，妳有多少次產生了一個自認為會掙大錢的「美妙主意」，而僅一週後就忘掉了。為什麼？因為妳沒把它寫下來。如果妳的目標值得妳付出努力和時間，那麼它就值得妳把它記下來——如果妳不記，又該誰來記呢？

二、**目標必須是詳盡的、可量化的、可檢驗的**　例如，寫下——「我想在二○××年變成富翁」是毫無意義的。妳應該寫下更為詳盡的東西，比如：「我將抽出每月總收入的10％存起來，那麼五年後，我就會存有××萬美元。」

三、**在接下來的48小時內立即行動起來，向目標前進**　讓我們假設妳的目標是希望能夠買一處度假住宅。那麼這是一個長遠目標，現實中，妳不能指望在至少五年內實現它。但這並不意味著妳現在無事可做，在接下來的48小時內，就開始為這個目標努力吧。例如，妳可以詢問一些有信譽的房地產代理商的名單，然後妳可以選擇給部分代理商打電話，看看能否得到一些待售房屋資訊，看是否既能符合妳的價錢要求，又能令妳感興趣。妳還可以做很多事，關鍵是要去做。要採取行動，以使妳寫下的目標看上去更真實和確定。

四、**將妳的目標放在每天都能看見的地方**　比如：筆記型電腦裡，貼在牆上、浴室鏡子上。關鍵在於妳每天都能看到妳的目標。通過每天瀏覽（最好是在早上剛睡醒時），妳能不斷地堅定生活的目標，並最終變得非常個性化和真實可行。

五、**將妳的目標告訴妳愛並信任的人**　如果妳不告訴任何人妳的目標是什麼，朋友和同事如何能向妳提供支持和幫助呢？

六、不要怕麻煩，做一個善於管理財富的人，要從今天開始　無論妳是獨立的還是依賴的，其實妳都是自己的主人，就像每天出門前照鏡子一樣，每天想想我為提高自己財富管理的能力做什麼了嗎？然後妳就去做點什麼。日復一日、年復一年，妳的聰明就成為妳的財富、妳孩子和老公的財富、整個家庭的財富。

6．讓自己的人氣旺起來

人氣旺的人都有一些共通的地方。女性朋友要想使自己的人氣旺起來，必須在細節方面加以注意，而下面所列的一些細節，看起來雖然很簡單，但確實很實用。

(1)如果長得不好，就讓自己有才氣；如果才氣也沒有，那就要微笑。

(2)氣質是關鍵。如果時尚學不好，寧願純樸。

(3)與人握手時，可多握一會兒。真誠是寶。

(4)不必什麼都用「我」做主語。

(5)不要隨便開口向同事借錢，無論妳們的關係有多好。

(6)不要「逼」同事看妳的家庭相冊、「聽」妳的家庭瑣事。

(7)與人一起搭計程車時，請搶先坐在司機旁。

(8)堅持在背後說別人好話，別擔心這好話傳不到當事人耳朵裡。

(9)有人在妳面前說某人壞話時，妳只是微笑不語，並且充耳不聞，過後就當什麼事情也沒有發生過。

(10)自己開小車，不要特地停下來和一個騎自行車的同事打招呼，人家會以為妳在炫耀。

(11)同事生病時，去探望他。很自然地坐在他病床上，回家再認真洗手。

(12)不要把過去的事，全讓他人知道。

(13)即使對那些不喜歡妳的人，也應當保持基本的尊敬——這是有修養的表現。

(14)對事不對人；或對事無情，對人要有情；或做人第一，做事其次。

(15)自我批評總能讓人相信，自我表揚則不然。

(16)沒有什麼東西比圍觀者們更能提高妳的保齡球的成績了。所以，平常不要吝惜妳的喝彩聲。

(17)不要把別人的好，視為理所當然，要知道感恩。

(18)榕樹上的「八哥」在講，只講不聽，結果亂成一團。因此，笑傲職場的首要法則就是——學會聆聽。

(19)尊重傳達室裡的工友及負責打掃清潔的阿姨。

(20)說話的時候記得常用「我們」開頭。

(21)為每一位上臺說話、唱歌的人鼓掌。

(22)有時要明知故問：「妳的鑽戒一定很貴吧！」有時，即使想問也不能問：「妳今年多大了？」

(23)話多必失，尤其是人多的場合，還是少說為妙。

(24)把未出口的「不」改成：「這需要時間」、「我盡力」、「我不確定」、「當我決定後，會給您電話」……

(25)不要期望所有人都喜歡妳，那是不可能的。讓大多數人喜歡妳就是ＯＫ了。

(26)當然，最後也是最根本的一點——妳自己要喜歡自己。

7．氣質是女性美的極致

美麗的女人人見人愛，但真正令人心儀的永恆美麗，往往是具有磁石般魅力的女人。那麼，什麼樣的女人才具有魅力呢？三個字——氣質美。

氣質是女人征服世界的利器，就如同一座山上有了水就立刻顯現出靈氣一樣。一個女人只要插上了氣質的翅膀，就會立刻明眸顧盼、楚楚動人起來。

著名化妝品的創始人靳羽西說過：「氣質與修養不是名人的專利，它是屬於每一個人的。氣質與修養也不是和金錢權勢聯繫在一起的，無論妳是何種職業、任何年齡，哪怕妳是這個社會中最普通的一員，也可以有妳獨特的氣質與修養。」

那麼，現代的女性應具備哪些氣質呢？

1．人格之美

女性氣質的魅力是從人格深層散發出來的美，自尊、自愛、端莊、賢淑、善解人意、富於同情心等，都是美好的人格特徵。相反，輕浮、自私、嘰嘰喳喳，和鼠肚雞腸的女人，即使容貌長得再漂亮，也只是過眼雲煙。

2．溫柔的力量

說到溫柔，人們自然會想到聖母的畫像，想起在極其柔和的背景中聖母瑪麗亞溫柔而聖潔的微笑。這微笑向人們展示了她的善良、無邪、溫柔和博愛，她巨大的藝術魅力亙古不衰。男人們最喜歡的大概不是女人的外貌，而是女人的陰柔之美。

3．腹有詩書氣自華

讀書和思考可以增加一個人的魅力。知識和修養可以令人耳聰目明，也會給一個女人增添不凡的氣質。學識和智慧是氣質美的一根支柱，有了這根支柱，完全可以彌補容貌上的欠缺。

4．可貴的堅韌

柔和的溫情並不是主張女孩子一味地順從、依賴、撒嬌，女性也要有個性、有主見、有行為的自由。這種獨立性是一種情感中的柔韌和追求中的堅定，是一種意志上的自持和克制力，是一種既不流於世俗又深深地蘊含著理性的行為。那些見異思遷、毫無主張、遇到挫折便哭哭啼啼的女孩，即使長得再漂亮也不會有人喜歡的。相反，對美的事物毫不動搖，堅持不懈追求的精神，完全可以使醜小鴨變成美麗的天鵝。

對女人而言，氣質是一種永恆的誘惑，因為氣質不僅僅靠外貌就能獲得，而且還要擁有豐富的智慧與常識，擁有傲人的氣度與素質。

在生活水準日益提高的今天，用來美化包裝女人的手段可謂層出不窮。皮膚不白可以增白，五官不正可以再造，脂肪過剩可以吸除，形體不美可以訓練，但至今還沒聽到有「女人氣質速成」之類的技術面世。

事實上，女人的氣質首先是先天的或者說是與生俱來的，其次，後天長期的潛心修養也很重要。而刻意模仿、臨時突擊則是難以從根本上改變氣質的，弄不好「畫虎不成反類犬」，成為效顰的東施，反為不美。

真正高貴脫俗、優雅絕倫的氣質，需要的是全方位的修養和歲月的沉澱。像一抹夢中的花影，像一縷生命的暗香，滲透進女人的骨髓與生命之中，讓她們能夠在面對歲月的無情流逝時，仍然能夠擁有一份靈秀和聰慧，一份從容和澹泊……

8．美會透過微笑發光

奧黛莉．赫本是時尚界公認的美女，她的父親是一位富裕的英國銀行家，母親是一位荷蘭女爵。雙親離婚後，她跟隨母親到倫敦，並進入一所私立女子學校。在戰火中成長的奧黛莉．赫本，相當熱愛音樂和舞蹈，當時才15歲的她，身高已經有168公分，體重卻只有40公斤。除了因為長期饑餓所造成的營養不良外，她還患有氣喘、黃膽，及其他的疾病，這樣的童年經歷影響到赫本後來的新陳代謝，使她終身

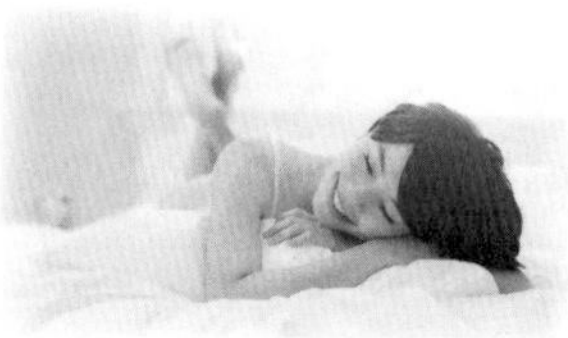

形體消瘦。

赫本成為演員後，她很清楚自己的弱點是什麼、優點在哪裡。她會透過微笑發光——她在每部電影中，肌膚看起來永遠是那麼剔透，我們也可以感受到她溫暖活潑的個性，美麗從心底散發出來。擁有一顆善良的心，看起來自然就美麗動人。

奧黛麗‧赫本的一生，是光輝燦爛的一生，她在黃金時代所創造的銀幕形象，正如她自身一樣，留給人們美好的印象太強烈了。她在電影史上所占的獨特的一頁，是不會被歲月所抹掉的。一九九一年4月22日，美國林肯中心電影協會向赫本授予Gala榮譽獎，該項獎自一九七二年起每年向全世界最德藝雙馨的藝術大師頒發，獲獎者先後有卓別林、勞倫斯‧奧立弗、伊莉莎白‧泰勒、詹姆斯‧史都華等影界巨星，這是對赫本影壇生涯以及非凡演技的崇高褒獎。

赫本晚年仍然老驥伏櫪，為公益事業發著光和熱。一九八八年，她擔任聯合國兒童基金會親善大使。在這個職位上，她不時舉辦一些音樂會和募捐慰問活動，並造訪一些貧窮地區的兒童，足跡遍及埃塞俄比亞、蘇丹、薩爾瓦多、瓜地馬拉、洪都拉斯、委內瑞拉、厄瓜多爾、孟加拉等亞非洲許多國家，受到當地人民的廣泛愛戴和歡迎。一九九二年底，她還以重病之軀赴索馬利亞，看望因饑餓而面臨死亡的兒童。她的愛心與人格猶如她的影片一樣燦爛人間。

當諾貝爾和平獎得主特雷莎修女獲悉奧黛麗・赫本病危的消息時，她命令所有的修女徹夜為奧黛麗・赫本禱告，祈使其能奇蹟般地康復。一九九三年1月20日，赫本在瑞士托洛徹納茨（Tolochenaz）的住所，因結腸癌病逝。為表彰她為全世界不幸兒童所做出的努力，美國電影藝術和科學學院將一九九三年的奧斯卡人道主義獎授予了她，此時赫本已離世，由其子西恩・赫本・費勒代領該獎。

真正懂得自己要什麼的女人，才會散發出迷人的光彩！

第10章

幸福其實並不難

幸福很簡單，簡單地毫無察覺來到我們身邊。幸福幾乎天天都在，俯拾皆是。幸福要從點滴間享受，不易存貯，否則就會失效。幸福是一種感覺，選擇權在妳自己，妳感覺到了，便是擁有。

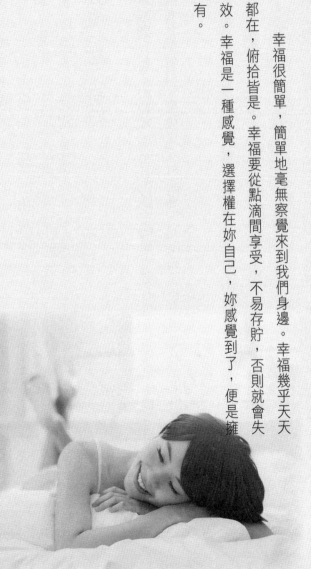

1．女人壞一點又何妨

女明星都講究要有自己的路線，平常生活中的妳也要有自己的風格。還想繼續二十幾歲的清純嗎？醒醒吧，那樣只能引起別人的反感，三十幾歲的女人要壞一點才更有味道。

乖乖女因為講究純潔，所以容易被男人看透，特別是容易被壞男人一眼看穿。一旦被男人看透，那麼女人就處於非常被動的地步，不知不覺地被別人利用，走進別人挖好的陷阱，吃虧上當就在所難免。

即使不吃虧上當，一個女人一旦在別人眼裡變得透明，自己的一舉一動都能被人瞭若指掌，就會給人稚嫩的感覺。這就像一部被人看過幾十遍的小說一樣，再精彩的故事也沒有人願意去看，沒有人願意去研究，更沒有人願意去欣賞。

還記得蒙娜麗莎的微笑嗎？那一抹神祕莫測的微笑讓人猜了幾個世紀，這一笑左看像淒楚的哀愁，右看又好似暗含著一種揶揄和諷刺，而再仔細端詳，又似乎覺

得蒙娜麗莎笑得很安詳。也正因此，這一淺笑被譽為——「全世界最美的微笑」，無數藝術家樂此不疲地去解讀蒙娜麗莎這一微笑。

所以，越是神祕的東西越是能衍生別人的興趣，越是能成為眾人追逐的目標。在男人審美容易出現疲勞的時代，女人壞一點，比漂亮的女人聰明，比聰明的女人漂亮。對男人來說，女人像霧像雨又像風，與他們若即若離，好像唾手可得，但總差1公分的狀態是最有吸引力的。對男人來說，越不容易得到的越值得牽掛。

2．不懂愛自己的女人是笨女人

好好看一下妳身邊的成功者，妳就會發現，很少有人不愛自己的工作；再看看身邊的幸福女人，她們通常很會關愛自己。發現了嗎？當一個人喜歡自己，並按照自己理想的方向去努力時，別人也很難拒絕她的幸福魅力。而那些不懂得愛自己，終日為他人而活的女人，往往精疲力竭而無任何回報。

有這樣一個阿拉伯國家的故事——

一對恩愛夫妻，妻子貌美如花，丈夫英俊瀟灑。不幸的是，正當盛年的丈夫卻患了眼疾，最終雙目失明。望著心如死灰的丈夫，妻子心痛不已。她左思右想，最後決定分一隻眼睛給自己的丈夫。

手術非常成功，失明的丈夫重又看到了世界，看到了自己的妻子。然而，令丈夫失望得難以容忍的是，失去了一隻眼睛的妻子竟然如此醜陋。日日與妻子相對，丈夫心中再無一絲柔情。他開始厭倦她、冷落她，因為她不再雙眸生輝，不再脈脈含情。

而她，默默地忍受所有的一切。她愛他，不在乎為他付出多少。對她來說，這個世界上沒有比他的笑容更燦爛的陽光了。然而，令她痛苦不堪的是，他的笑容卻再也不屬於她了。在沒人的角落裡，在無盡的暗夜中，她獨自流淚，用一隻眼睛。終於有一天，不義的丈夫拋棄了糟糠之妻，另攀高枝去了。

故事中女人的偉大叫人心疼，或者也是這樣的心疼叫男人無法面對，或者是男人對美麗的外觀追求，對於這樣的現實既不願意接受，也無力改變。如果故事中的

女人能用自己的愛終生呵護這個盲眼的丈夫，會不會有另一個版本的結局？女人因為有愛而可以對男人不離不棄終身守護，這會是多麼感人的愛情，可是很遺憾，很遺憾……

生活中這樣的女人實在不少。據說男人的潛意識動力來源於生存與發展的必須，而女人的潛意識動力則來源於情感與情緒。當女人被情感與情緒支配時，智慧立刻遠離了。很多女人用氾濫的母愛，博大包容地對待家庭成員，而委曲求全的結果卻是落得「愛人跟人跑」或「慈母多敗兒」的情形。

美玲在上大學時，認識了比她高兩個年級的同系男生，他們很快就進入了熱戀。大學畢業時，美玲按計畫準備考研究生，她的男友卻說：「咱們結婚吧，我非常需要妳。」美玲認為，既然結婚就要做個好妻子，讀研究生一定沒有時間照顧丈夫。人們常說，愛就是奉獻，美玲對此深信不疑。於是，她決定放棄自己的理想，和丈夫一起建築起他們愛情的港灣。

畢業後，美玲當了一名教師，丈夫在工作了一段時間後準備考研。在丈夫準備考試的時候，美玲發現自己懷孕了。妊娠反應挺厲害，經常是東西吃進去不久就又都吐出來。可是丈夫正在忙著考試，不僅無暇照顧她，還需要她來照顧他。經常是美玲一邊吐，一邊做飯。但是想想丈夫將要實現自己的夢想，她暗暗地咽下了所有的痛苦，她想等他考上研究生就好了。後來丈夫如願以償，孩子也生了下來。

這時的美玲就更忙了，既要工作，又要照顧孩子，還要照顧她讀研究所的丈夫，非常緊張。接送孩子、買菜、做飯、洗衣、收拾房間，美玲幾乎承包了所有的家務，但當她看到漂亮的孩子，看到刻苦讀研究生的丈夫，她是欣慰的，她感到幸福無比。

為了照顧好家，美玲幾乎放棄了自己的一切愛好。她已經沒有時間去商場，為自己選購一件稱心的服裝，沒有了和朋友們高歌一曲的興致，甚至連自己愛看的電視連續劇也不能從頭看到尾。但是她從不抱怨，她覺得自己的付出是值得的，是有所期待的。

美玲原本以為丈夫畢業後，他們就會迎來第二次蜜月，他會對自己的奉獻

給予回報。可事實是他們的關係卻大不如從前了。丈夫畢業後，去了一家合資企業。他的工作很忙，經常是深夜才回到家，一臉的疲憊。讓美玲更加生氣的是，丈夫竟然懶得與她說話了。有時，美玲忍無可忍地對他說：咱們也該聊聊了。可他說：這麼長時間的夫妻了，還有什麼好說的。有時，他還會說：說點兒別的行不行，整天不是東家長就是西家短的，真沒意思，就知道自己眼皮底下的那點兒小事，層次太低，整個就是一個家庭婦女，沒勁。

終於，丈夫向她攤牌說自己愛上了別人，美玲的心在顫抖，她問：「我有什麼對不起你的地方嗎？」

他說：「妳沒有對不起我的地方，可是現在和妳在一起，我一點兒感覺都沒有。妳整天都是那些婆婆媽媽的事，一點兒也不像過去那樣有理想、有激情。」

這就是事實，殘酷，但也讓人警醒。一個女人絕不能僅僅是幫助男人去建設他的世界，然後就把他的世界當成自己的世界。男人越是發展事業，越會增加愛情上的砝碼和吸引力，在家庭中的份量也越重，拋棄糟糠之妻的可能性也就越大。

所以，女人不管任何時候，都不要因為「奉獻」到底，而忘記修煉和提升自己。這不是自私，而是一種智慧，是愛自己的表現。

對女人來講，認識這一點，做到這一點，比什麼都重要。

3．珍惜身邊的幸福

有一隻小狗要尋找幸福，可他不知道幸福在哪裡。年長的狗就對他說：「幸福就在你的尾巴上。」小狗就這樣一直原地轉圈地追著自己的尾巴，可總是追不上。此時小狗的媽媽看到了，就問小狗在幹什麼。小狗委屈地對媽媽說道：「我在追幸福，它就在我的尾巴上，可我怎麼也追不上。」小狗媽媽就對小狗說：「你只需要往前走，幸福自然就會一直跟著你呀！」

幸福——多麼具有誘惑的詞語！對於三十幾歲的女人來說，驕縱寵溺的青春年

華已經逝去，恣意妄為的生活也不再可取，當心情開始平靜，幸福又在哪裡？

一個女人，無論她現在多大年齡，她真正的人生之旅，是從設定目標的那一天開始的，以前的日子，只不過是在繞圈子而已。人生在世，最緊要的不是我們所處的位置，而是我們活動的目標。因為，我們的人生何時、何地以何種方式開始，是無法選擇的，但我們卻可以選擇自己的未來。我們可以選擇居處、婚姻、工作、朋友，可以選擇人生的方向，一切的幸福和成功，都是從設定目標那刻起。

當妳到了三十幾歲的時候，時間和生命便成了最寶貴的資產。學會如何設定適當的目標，並實踐這些目標，妳就能取得從沒想像過的幸福和成功。但是，我們又應該如何去選擇人生的目標呢？什麼樣的目標才能帶我們走出混沌的圈圈，走上幸福的道路呢？

曾經讀過這樣的一則故事——

一天，上完早課後禪師領著一群小弟子們去插秧。小弟子們都沒有插過秧，只好照著師父的樣子爭先恐後地忙活起來，但是他們插的秧苗都是彎彎曲曲的，而禪師插出來的秧苗卻是一條直線。

弟子們大惑不解地問道：「師父，我們都是學著您的樣子做的，為什麼您插的秧苗都那麼整齊，就像繩子量過的一樣直，您是不是有什麼祕訣啊？」

禪師笑著說：「祕訣很簡單，只要插秧的時候，眼睛一直盯著一樣東西就可以了。」

弟子們都暗暗點頭，馬上又忙活起來，可是這次插的秧苗，竟然變成了一道彎曲的弧線。

「師父，我們照您說的做了，還是不能插成直線。」

「你們是按我說的一直盯著一樣東西嗎？」

「是啊，我們一直盯著田邊的水牛，那可是一個大目標啊！」

「水牛邊吃草邊走，你們盯著牠插秧，牠不停地移動，你們怎麼可能插直？要盯緊不動的目標才行。瞧，師父我就是一直盯著那棵大樹插秧的。」

弟子們按照師父的指點再做一次，果然插出來的秧苗，也跟繩子量過一樣直了。

秧苗能不能插得筆直，不在於妳有多大的力氣，而是看妳有沒有找準一個可以讓妳走得筆直的目標。人生和插秧是一樣的道理，人生的路能不能走好，自身的能力是一方面，目標同樣不可或缺。只有明確的目標，才能不走錯路，少走彎路。

二十幾歲女人可以靠美麗生存，而三十幾歲女人則必須靠智慧發展，選擇正確的目標，幸福才會在前方等待著妳。跟著太陽走，妳就能享受陽光；跟著月亮走，妳就能看到星星；跟著北極星走，妳就能找到方向。新的生活是從選定方向開始的，人生如果沒有目標，那麼生活也只不過是繞圈圈而已，一切的幸福和成功，都是從設定「理財」目標那刻開始。

4．女人是靠男人活，還是靠自己活？

做一名全職太太還是經濟獨立的現代女性，是很多女人面臨的問題。聰明的女人應該學會獨立。獨立包括兩個方面，一個是精神層面的，一個是經濟上的。經濟基礎決定上層建築，一個女人如果在經濟上依附於男人，那麼，她在精神上就很難實現獨立。

李靜婚後一年有了兒子，但是婆婆和媽媽身體都不好，無法幫她帶孩子，她只好放棄工作在家做了全職太太。沒有了工作，帶孩子的工作卻沒見輕鬆，最要命的是丈夫的態度很惡劣，看到家裡有一點做得不好，就說：「真不知道妳天天在家做什麼了，地板那麼髒也不知道拖。」他不知道帶孩子有多累，一晚上起來數次，如果李靜說一句帶孩子辛苦，他就會說：「那妳白天不會等孩子睡了，妳再睡，再說誰家的孩子不是這麼帶大的，就妳覺得辛苦？」

好不容易熬到孩子四歲上了幼稚園，李靜想重返工作崗位，卻又因兒子總是生病而放棄了。一次兒子病了，李靜在家忙前忙後地折騰了好幾天，兒子的病才見好轉。因為好幾天都沒有好好休息，有天早上李靜多睡了一會，她老公就拉著臉說：「都幾點了，還不起床做早飯，難道還得讓我給妳做了早飯，再去上班嗎？」

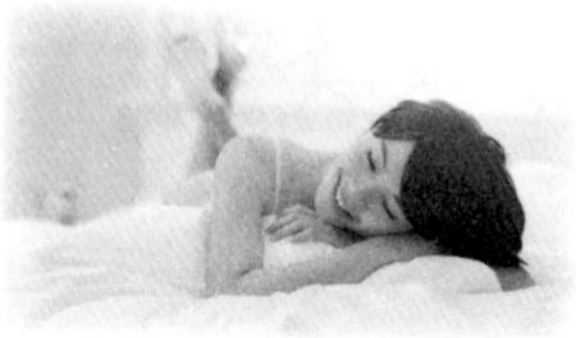

很多沒有收入的女人在家中沒有地位，一些男人即便嘴上不說，也會認為是自己在養活女人，養活這個家，而女人伺候他是理所當然，就算他發點脾氣，女人也該忍著。要知道女人的衣服、化妝品，加上一日三餐都是花他的錢呢，女人有什麼資格和他爭辯呢？而女人也會安慰自己說，誰讓這個家都指望他呢，能忍就忍吧！

連買件小飾品都要跟男人要錢的女人怎麼可能活得精彩呢？家庭裡早就沒了男女平等，小則小吵小鬧，大則婚外情，甚至最後到離婚。男人們都希望自己的老婆出得廳堂，入得廚房。所以三十幾歲的女人一定要經濟獨立，就是感情有變，自己也能適當處理，不會因經濟不能獨立而手忙腳亂。

未婚的女人同樣也應該獨立。如果做不到獨立，也許妳的男友開始能夠忍受，一但時間一長，再有耐性的男人也未必能諒解妳。他會認為妳這麼一直依靠他，不會輕易離開他。而他對妳的態度已不如當初，一旦你們感情有變，一切不容人說，就早已心知肚明了！

只有在經濟上獨立了，想買衣服和化妝品的時候，我們才可以自信地掏自己的腰包，不用在支配金錢的時候小心翼翼地去爭取對方的意見，也不用在給他買禮物的時候向他要錢。只有花自己勞動換來的錢，才能理直氣壯，才能心安理得。

作家陳燕妮被國人所熟悉是因為她寫了——《告訴你一個真美國》《紐約意識》和《美國之後》等一系列有關在美華人的暢銷書，而在美國，熟悉陳燕妮的人，越來越多是因為她創辦了一份在當地華人世界，最暢銷的刊物——《美洲文匯週刊》。

有一次記者採訪陳燕妮，問到這樣一個問題——「聽說在美國有很多全職太太，她們的生活全部圍繞著家庭，相對簡單而少有壓力，妳有沒有想過這樣簡單的生活呢？」

「沒有，從來沒有。」陳燕妮堅決地搖頭，「我無法想像向別人伸手要生活費的滋味。我曾經因為工作的轉換而在家待了幾個月，那段時間太可怕了。除了老公以外，精神沒有任何依託，整天在家無所事事。到後來連看老公都有點兒小心翼翼的，現在想想挺可笑的。美國的報刊競爭很激烈，我做的事情等於是在和美國的男人們搶飯碗，但我寧願在社會上拼搏，爭奪自己的天空，也不願整天在家洗衣做飯，等老公回家。」

有工作的女人在經濟上有獨立感，這種感覺能使她們的精神獨立，有相對堅實的地基。但不少女人迫於某些原因不得不待在家裡當全職太太，同時這些女人又覺得自己不獨立，所以很是苦惱。而不少掙錢的男人的確很自傲，把女人視為自己的私有財產，甚至輕視女人。

儘管沒有社會工作，女人持家也是一種職業。男人在企業打工能有工資，那女人持家也應有報酬。以往總把家庭的生活費視為對女人的報酬，這是不對的。生活費只是一種家庭必需的成本，它沒有在經濟上體現持家女人的價值。

女人應主動要求男人量化持家的價值，並愉快地支付一筆象徵尊重女人價值的工資。我們千萬不要小看這個程式，這可是女人走向獨立的關鍵。女人有獨立感才會有尊嚴，男人在有尊嚴的女人面前才會懂得在乎對方。男女經濟關係的含糊，使男女相處的品質不高，不僅不能使男女雙方獲得兩性暢快和透明的愉悅，也很容易使雙方產生矛盾和變心。女人如果缺少獨立感，整個人變得十分灰色，男人對這種女人不會有長久好感，遲早都會背叛。

有了經濟上的獨立，女人才可以在自己的精神世界裡建立起一個美好的王國，當她自豪地感覺到自己是這個王國的女皇時，就會在現實生活中找到自信，而不會為別人盲目地附合著，「學會先愛上自己，別人也一定會愛妳。」

〈全書終〉

國家圖書館出版品預行編目資料

其實，幸福一直都存在／林芸　著
新北市：布拉格文創，2016.09
面；　公分．--
ISBN 978-986-93380-2-8（平裝）
1. 自我實現　2. 生活指導　3. 女性

177.2　　105013571

其實，幸福一直都存在

林芸／著

〔出版者〕　新 BOOK HOUSE
電話：(02) 8666-5711
傳真：(02) 8666-5833
E-mail：service@xcsbook.com.tw

〔總經銷〕　聯合發行股份有限公司
新北市新店區寶橋路235巷6弄6號2樓
電話：(02) 2917-8022
傳真：(02) 2915-6275

印前作業　東豪印刷事業有限公司

初版一刷　2016年09月